SEGREDOS
— PARA A PROSPERIDADE —
COMO SER BEM-SUCEDIDO EM TEMPOS DIFÍCEIS

NAPOLEON HILL

SEGREDOS
— PARA A PROSPERIDADE —
COMO SER BEM-SUCEDIDO EM TEMPOS DIFÍCEIS

Tradução:
Claudia Gerpe Duarte

1ª edição

Rio de Janeiro | 2020

CIP-BRASIL. CATALOGAÇÃO NA PUBLICAÇÃO
SINDICATO NACIONAL DOS EDITORES DE LIVROS, RJ

H545s   Hill, Napoleon, 1883-1970
     Segredos para a prosperidade: como ser bem-sucedido em tempos difíceis /
Napoleon Hill; tradução Claudia Gerpe Duarte – 1ª ed. – Rio de Janeiro:
Best Seller, 2020.

     Tradução de: The Lost Prosperity Secrets of Napoleon Hill
     ISBN 9786557120040

     1. Sucesso. 2. Sucesso nos negócios. 3. Motivação (Psicologia). 4. Autorrealização.
I. Duarte, Claudia Gerpe. II. Título.

CDD: 158.1

20-64383

CDU: 159.947

Meri Gleice Rodrigues de Souza - Bibliotecária CRB-7/6439

Texto revisado segundo o novo Acordo Ortográfico da Língua Portuguesa.

Título original:
THE LOST PROSPERITY SECRETS OF NAPOLEON HILL

Copyright © 2016 by JMW Group, Inc.
jmwgroup@jmwgroup.net
All rights reserved by JMW Group, Inc. Exclusive worldwide rights in all languages
available only through JMW Group
www.jmwforlife.com

Copyright da tradução © 2020 by Editora Best Seller Ltda.

Todos os direitos reservados. Proibida a reprodução,
no todo ou em parte, sem autorização prévia por escrito da editora,
sejam quais forem os meios empregados.

Direitos exclusivos de publicação em língua portuguesa para o Brasil
adquiridos pela
EDITORA BEST SELLER LTDA.
Rua Argentina, 171, parte, São Cristóvão
Rio de Janeiro, RJ – 20921-380
que se reserva a propriedade literária desta tradução

Impresso no Brasil

ISBN 978-65-5712-004-0

Seja um leitor preferencial Record.
Cadastre-se no site www.record.com.br e receba informações
sobre nossos lançamentos e nossas promoções.

Atendimento e venda direta ao leitor
sac@record.com.br

Sumário

Prefácio da editora   7

CAPÍTULO UM
Aprenda a usar a sua mente maravilhosa   11

CAPÍTULO DOIS
Como criar a deslumbrante vibração do sucesso   18

CAPÍTULO TRÊS
16 degraus na escada mágica para o sucesso   22

CAPÍTULO QUATRO
Por que algumas pessoas são bem-sucedidas: um segredo   47

CAPÍTULO CINCO
Os sete momentos decisivos da minha vida   53

CAPÍTULO SEIS
Como a autoconfiança levantou um homem em quatro dias   83

CAPÍTULO SETE
A milagrosa arte da autossugestão   94

CAPÍTULO OITO
A sugestão: mais eficaz do que uma exigência   112

CAPÍTULO NOVE
A extraordinária lei da retaliação   134

CAPÍTULO DEZ
O poder da sua mente camaleônica   149

CAPÍTULO ONZE
Algumas lições que aprendi com os meus "fracassos"   169

Prefácio da editora

Ele tinha 1,68 metro de altura e seu nome era Napoleon Hill. Considerado por muitos o inventor da escrita motivacional, Hill é, sem sombra de dúvida, o guru de todos os gurus de sucesso, autor do best-seller motivacional mais vendido de todos os tempos, *Pense & enriqueça*. Hill emergiu de circunstâncias incontestavelmente árduas, assim como muitas das pessoas que ele analisou, e começou cedo a tentar encontrar a resposta para a pergunta sempre atual: como surge um vencedor? Ele descobriu, entre outras coisas, que uma infância de pobreza garantia mais o sucesso do que uma infância privilegiada.

Munido de uma carta de apresentação de Andrew Carnegie, Hill levou os vitoriosos a revelar os seus segredos fazendo o que ninguém tinha pensado em fazer até então: ele simplesmente perguntou aos notáveis como eles tinham alcançado o sucesso. Nesse ínterim, contra todas as probabilidades, ele próprio se tornou um vencedor, acabando por se ver relacionado ao lado de Marco Aurélio, Ralph Waldo Emerson e Benjamin Franklin.

No entanto, antes de se tornar o *famoso* Napoleon Hill, ele realizou um sonho de infância fundando duas revistas. Nessa época ele já havia analisado metade das 25 mil pessoas das quais, com o tempo, iria extrair informações, de modo que já estava bem versado em sabedoria. Porém, o pequeno homem com um espírito enorme ainda tinha trinta e poucos anos, e, afinal de contas, redigir artigos para revistas não é o mesmo que escrever um livro, de modo que Napoleon tirou proveito da descontração e das revelações pessoais que as revistas permitem.

Os seus livros edificam, mas foi nas revistas que Napoleon Hill se mostrou à vontade.

"Vinte e cinco dos meus 36 anos foram infelizes", é uma das suas revelações. No entanto, "nada que eu tenha empreendido... se revelou tão recompensador ou me proporcionou uma felicidade tão verdadeira quanto o meu trabalho naquela pequena revista."

E foi no conforto da sua revista que Napoleon Hill se sentiu suficientemente seguro para dizer para si mesmo: "Há cerca de 15 anos, quando me ocorreu pela primeira vez ser dono e editor de uma revista, a minha ideia foi contestar tudo o que era nocivo e criticar severamente tudo o que me desagradava. Os deuses do destino devem ter interferido para impedir que eu fizesse isso naquela ocasião..."

Mais de um capítulo deste livro é dedicado à admiração de Hill pelo que as pessoas de mentalidade tacanha chamam de "fracasso". A sua própria vida envolveu uma série tão extensa de fracassos vitoriosos que, quando estava com cinquenta e poucos anos, Hill se surpreendeu com o fato de uma década inteira ter se passado sem que ele tivesse que enfrentar um desastre pessoal. Mas Napoleon Hill, com frequência abatido, mas nunca derrotado, jamais se desviou do seu "propósito principal claro e determinado". Ele iria ensinar a milhões de pessoas ao redor do mundo que até mesmo a sorte pode ser mudada e os fracassos bem-aproveitados. De que outra maneira poderia ele ter tanto conhecimento disso a não ser por experiência própria?

"O sucesso não requer nenhuma explicação. O fracasso não concede álibis", afirmaria ele mais tarde com a autoridade que somente a experiência pode oferecer.

Prefácio da editora

Hill nasceu em 1883 em uma cabana de um único cômodo nas colinas do condado apropriadamente chamado de Wise County,* na Virgínia. Ele foi uma criança impetuosa e rebelde que começou a escrever aos 13 anos como "repórter da montanha" para jornais de pequenas cidades, nunca tendo perdido a sede de obter fatos a respeito de pessoas reais que superaram as desvantagens, inclusive ele mesmo. Foi esse trabalho da infância que o ensinou a entrevistar líderes intimidantes a respeito das suas perdas e vitórias.

A história de Napoleon Hill é uma daquelas que pareciam que iam ser ruins, mas que se revelaram boas. A mãe dele faleceu quando ele era bem pequeno, mas a mulher educada e audaciosa com quem o seu pai depois se casou era "impaciente com a pobreza", como Hill mais tarde a descreveria. A madrasta de Hill assumiu a responsabilidade pela loja e pela fazenda da família, incentivou o pai de Hill a cursar a faculdade de odontologia quando ele estava com 40 anos, conferindo a Hill a determinação de que ele precisava para sair daquele vale na Virgínia. Ela colocou na cabeça dele a ideia de que um dia seria muito famoso pela noção de que "O homem pode alcançar o que a sua mente é capaz de conceber".

Estes primeiros textos de Napoleon Hill, raramente vistos antes, são revigorantes e reveladores. Com as revistas que teve como incubadoras, as suas páginas se tornaram campos de testes e plataformas de lançamento para um dos mais edificantes livros de todos os tempos.

PATRICIA G. HORAN

---

* Tradução literal: Condado Sábio. (*N. da T.*)

CAPÍTULO UM

Aprenda a usar a sua mente maravilhosa

A mente humana é uma combinação de muitas qualidades e tendências. Ela consiste de afetos e desafetos, otimismo e pessimismo, amor e ódio, do que é construtivo e destrutivo, bondade e crueldade. A mente é formada por essas e muitas outras qualidades. Ela é uma mistura de todas elas, com algumas mentes exibindo o domínio de uma dessas qualidades e outras manifestando a supremacia de diferentes características. As qualidades dominantes são, em grande medida, determinadas pelo ambiente, treinamento, companheiros e, particularmente, pelos pensamentos da própria pessoa! Qualquer pensamento mantido com assiduidade na mente, ou qualquer pensamento alimentado durante a concentração e trazido à mente consciente, em muitos casos atrai para ele as qualidades da mente humana às quais mais se assemelha.

Os pensamentos são sementes

O pensamento é como uma semente plantada no solo, já que ele produz uma safra conforme a sua espécie, se multiplica e se desenvolve; por conseguinte, é perigoso permitir que a mente nutra qualquer pensamento destrutivo. Esses pensamentos, mais cedo ou mais tarde, precisam buscar liberação por meio de uma ação física.

Por intermédio do princípio da autossugestão — ou seja, de pensamentos alimentados na mente e nos quais nos concentramos — qualquer pensamento logo começará a se cristalizar em ação. Estudaremos detalhadamente mais tarde esse princípio.

Se o princípio da autossugestão fosse por via de regra compreendido e ensinado nas escolas públicas, em vinte anos todos os padrões morais e econômicos do mundo teriam sido modificados. Por meio desse princípio, a mente humana é capaz de se livrar das suas tendências destrutivas ao se concentrar constantemente nas suas tendências construtivas como o pensamento positivo ou uma atitude positiva. As qualidades da mente humana precisam do resplendor da nutrição e do uso para permanecerem vivas. Em todo o universo, existe uma lei de nutrição e uso que se aplica a tudo o que está vivo e cresce. Essa lei decretou que toda coisa viva que não é nutrida ou usada precisa morrer, e isso se aplica às qualidades da mente humana que mencionamos.

Só podemos desenvolver qualquer qualidade mental se nos concentrarmos nela, pensarmos nela e a utilizarmos. As tendências nocivas da mente podem ser destruídas se as deixarmos morrer de fome por não utilizá-las!

Qual seria o valor para a mente jovem e maleável da criança compreender esse princípio e começar a utilizá-lo desde cedo na vida, desde o jardim de infância?

O princípio da autossugestão é uma das principais leis fundamentais da psicologia aplicada. Por meio de um entendimento adequado deste princípio, toda a tendência da mente humana pode ser direcionada para um esforço construtivo em um breve intervalo de tempo.

Em vez de meramente esperar que alguém inicie um movimento em prol da educação universal dentro desses moldes, por que você não começa agora a utilizar esse princípio em seu próprio proveito e da sua família? Os seus filhos talvez não tenham a sorte de receber esse treinamento na escola, mas nada o impede de administrá-lo em casa. Nada impossibilita que, de agora em diante, você estude, entenda e aplique esse princípio às suas atividades.

Aprenda a usar a sua mente maravilhosa

A mente como fonte de poder

Aprenda alguma coisa a respeito dessa máquina maravilhosa que chamamos de mente humana. Ela é a sua verdadeira fonte de poder. Você só conseguirá se libertar das preocupações triviais e das privações financeiras por meio do empenho da sua mente maravilhosa. Este autor ainda é um homem jovem, mas tem evidências positivas de homens e mulheres que transformaram o fracasso em sucesso em um breve intervalo de tempo, que varia de algumas horas a poucos meses.

Controle o seu destino econômico

O livro que você tem nas mãos é uma prova concreta da confiabilidade do argumento de que as pessoas podem controlar o seu destino econômico, porque estes textos constituem um sucesso desenvolvido a partir de 15 anos de fracasso! Você também pode transformar o seu fracasso anterior em sucesso se compreender e aplicar de uma maneira inteligente os princípios da psicologia aplicada. Você pode chegar onde desejar na sua vida. Pode encontrar instantaneamente a felicidade, uma vez que domine este princípio, e tem o potencial de construir o sucesso financeiro com a mesma rapidez com que acata as práticas e princípios estabelecidos da economia.

Não há nada oculto em pensar dessa maneira a respeito da mente humana, a qual funciona em harmonia com as leis e princípios físicos e econômicos. Você não precisa da ajuda de ninguém para manipular a sua mente e fazê-la operar como deseja. A mente é algo que você pode controlar, independentemente da sua posição na vida, desde que sempre exerça esse direito, em vez de permitir que outros o façam para você.

Aprenda alguma coisa sobre os poderes da mente! Vou libertá-lo da maldição do medo e impregná-lo de inspiração e coragem.

Como Andrew Carnegie usava o cérebro de outras pessoas

Andrew Carnegie faleceu deixando uma enorme fortuna depois de ter distribuído outra fortuna.

Milhares de pessoas invejavam sua enorme riqueza, e muitos milhares de outras confundiam o próprio cérebro tentando conceber algum plano ou esquema por meio do qual conseguiriam construir uma fortuna como a que Carnegie possuía. Vou descrever como ele construiu sua fortuna. Talvez isso possa lhe oferecer uma ideia de como estruturar a sua. Em primeiro lugar, vale a pena lembrar que Carnegie não era mais capaz do que o homem típico. Ele não era um gênio e, na realidade, não fez nada que qualquer outra pessoa não conseguiria reproduzir.

O Sr. Carnegie acumulou os seus milhões selecionando, combinando e administrando o cérebro de outras pessoas. Ele compreendeu desde cedo na vida que qualquer empreendimento semelhante ao do setor do aço exigia mais talento do que uma única pessoa possuía. Também compreendeu que quase todas as indústrias e negócios requerem pelo menos dois tipos de pessoa — o administrador e o mobilizador. Carnegie selecionou as pessoas que queria, organizou-as, orientou-as e manteve-as empolgadas e ansiosas por prestar a maior quantidade possível de serviço. Ele as levou a cooperar umas com as outras e com ele.

Ninguém consegue construir uma fortuna como a de Carnegie sem usar o cérebro de outras pessoas. O que um cérebro sozinho é capaz de produzir, acumular e possuir, agindo independentemente de outros cérebros, é relativamente pouco, mas o que um único cérebro pode acumular e controlar ao agir em harmonia com outras mentes altamente organizadas é praticamente ilimitada.

Se você deseja ficar rico, aprenda como atrair homens e mulheres que possuem o que você não tem no que se refere à capacidade cerebral. Se você for do tipo mobilizador, escolha os seus associados de maneira que alguns deles sejam do tipo administrador. Uma sociedade ou organização bem desenvolvida, para ter sucesso, precisa ser formada por pessoas que possuam todas as qualidades indispensáveis para o sucesso.

Aprenda a usar a sua mente maravilhosa

Algumas pessoas podem obter vantagens, mas não conseguem conservá-las; outras pessoas são capazes de conservar vantagens, mas não conseguem adquiri-las. Os dois tipos, quando trabalham em harmonia, conseguem obter e conservar as vantagens.

Muitas empresas ficaram debilitadas e acabaram abrindo falência apenas porque eram geridas por pessoas que tinham um determinado tipo de talento e muito pouco, ou nenhum, de outro tipo também bastante necessário. Os negócios precisam de algo além do capital para ter sucesso. Eles necessitam de cérebros bem equilibrados, formados pelas diversas nuanças e combinações dos tipos administrador e motivador.

A mágica mente humana

Esta não é uma época para a pessoa que só acredita naquilo que consegue compreender. Tampouco representa um momento favorável para quem duvida da capacidade da mente humana de olhar atrás da cortina do tempo, recuar nas eras e divisar a caligrafia da natureza. Esta está revelando os seus segredos para todos os que desejam ver. Ela não usa mais o relâmpago nas nuvens para amedrontar a humanidade ignorante e supersticiosa. Essa força foi controlada. Ela impulsiona as engrenagens da indústria e conduz o sussurro da nossa voz e até mesmo os nossos efêmeros pensamentos ao redor da terra em nanossegundos.

A eletricidade é agora exatamente a mesma força que era centenas de anos atrás, só que nada sabíamos a respeito dela. Acreditávamos que era apenas destrutiva! Não tínhamos a menor ideia de que ela um dia atuaria como a nossa maior servidora, obedecendo submissamente aos nossos comandos. Não compreendíamos a eletricidade, de modo que, até recentemente, não fizemos nenhuma tentativa de dominá-la. Como podemos descobrir as possibilidades das forças naturais da terra?

Só podemos fazê-lo por meio da experimentação — usando a imaginação! Esta é decididamente a era da imaginação, da investigação e da pesquisa. A raça humana começou a se livrar dos grilhões do medo e da dúvida e se apoderar das ferramentas do progresso que sempre estiveram em repouso aos nossos pés no decorrer das eras.

O presente é o período mais maravilhoso da história da raça humana — maravilhoso não apenas nas suas invenções progressivas, mas também no seu desenvolvimento mental. Anunciamos diariamente ao mundo uma nova tecnologia ou invenção, e nada disso seria possível sem a mente humana.

Por que devemos parar de brigar com os outros

O tempo e a energia que gastamos ao rebater as investidas daqueles que nos exasperam nos tornariam ricos e independentes, se essa grande força fosse direcionada para uma atividade construtiva — para edificar, em vez de demolir! A pessoa típica dedica três quartos da vida a esse esforço inútil e destrutivo.

Só existe uma maneira de punir uma pessoa que o tenha prejudicado, que é retribuir o mal com o bem. As brasas mais quentes já amontoadas sobre a cabeça de um ser humano* são os atos de bondade oferecidos em retribuição a atos de crueldade. O tempo despendido com o ódio não apenas é desperdiçado, como também sufoca as únicas emoções louváveis do coração humano, tornando o indivíduo imprestável para o trabalho construtivo. Os pensamentos de ódio prejudicam apenas quem se entrega a eles. O álcool e as drogas são tão nocivos para o corpo humano quanto os pensamentos de ódio e de raiva. Afortunada é a pessoa que se tornou grande e sábia o bastante para passar por cima da intolerância, do egoísmo, da ganância e do ciúme mesquinho. São essas coisas que destroem os melhores impulsos da alma humana e abrem o coração para a violência.

---

* O autor está fazendo uma referência à Bíblia, Provérbios 25:21-22: "Se o teu inimigo tiver fome, dá-lhe de comer; se tiver sede, dá-lhe de beber. Porque assim amontoarás brasas vivas sobre a cabeça dele e o Senhor te recompensará." (*N. da T.*)

Aprenda a usar a sua mente maravilhosa

A raiva nunca foi benéfica para ninguém. As grandes almas em geral estão abrigadas em seres humanos que custam a ficar zangados e que raramente tentam destruir seus semelhantes ou derrotá-los nas tarefas a que estão se dedicando. Devemos ter inveja do homem ou da mulher capaz de perdoar e verdadeiramente esquecer uma ofensa. Essas almas ascendem a alturas de felicidade que a maioria dos mortais jamais desfruta.

Quanto tempo levará para que os membros da raça humana aprendam a percorrer o caminho da vida, de braços dados, ajudando-se mutuamente em um espírito de amor, em vez de tentar derrubar uns aos outros? Quanto tempo levaremos para aprender que o único verdadeiro sucesso na vida é medido pelo grau em que servimos à humanidade? Quanto tempo levaremos para aprender que as bênçãos mais abundantes da vida são concedidas àquele que se recusa a se dobrar à tentativa vulgar de destruir os outros?

CAPÍTULO DOIS

Como criar a deslumbrante vibração do sucesso

Quase todos nós pedimos para ter sucesso sem as costumeiras atribulações que o acompanham. Desejamos que ele venha até nós com o mínimo de esforço possível. É uma boa ideia definir o sucesso a fim de compreendê-lo e redigir uma descrição dele como um dos itens da nossa lista de realizações cobiçadas. Não sei qual é a sua definição do termo sucesso, mas, se você me permitir impor a minha definição a você, eu diria o seguinte:

O sucesso é a soma dos atos e pensamentos de um indivíduo que, em virtude da natureza construtiva deles, proporcionaram felicidade e bem--estar à maioria das pessoas com quem ele se relacionou no passado e com quem se relacionará no futuro.

Você não pode levar felicidade, bem-estar e alegria para a vida daqueles com quem se relaciona sem desfrutar pessoalmente do sucesso. Tampouco pode causar sofrimento, tristeza e infelicidade aos outros e ao mesmo tempo ser bem-sucedido.

Se você faz as pessoas sorrirem quando estão ao seu lado; se tem uma personalidade aprazível, vibrante e dinâmica que as torna alegres quando você está por perto; se fala e pensa nas belezas da vida e convence os outros a fazer o mesmo; se eliminou o ceticismo, o ódio, o medo e o desânimo da sua natureza e os substituiu por um amor saudável por toda a humanidade, você está destinado ao sucesso!

O dinheiro não é prova de sucesso

O dinheiro não é prova de sucesso. Na verdade, ele pode ser um indício de fracasso, e o será, se a felicidade e a boa vontade não o tiverem acompanhado ao longo do processo durante o qual ele foi acumulado. Mais do que toda a riqueza do mundo, valorizo o prazer — a alegria eletrizante —, a felicidade e a satisfação que logrei alcançar em decorrência da oportunidade que se apresentou, no decorrer do ano passado, de servir aos meus semelhantes por meio dos textos que escrevi.

Alguma quantia poderia comprar esse prazer? Não! Mil vezes, não! O prazer decorre do ato e não da aquisição! Essa é uma lição que algumas pessoas parecem nunca aprender, mas que mesmo assim é verdadeira. O caminho em direção àquilo que chamamos de sucesso segue apenas em uma direção, que passa diretamente através da grande área do serviço humano. Qualquer via que avance em outra direção não poderá jamais alcançar o sucesso.

Pretendo ser mais feliz este ano do que fui ano passado, não "adquirindo" mais bens materiais, embora eu pudesse tirar proveito deles, mas sim servindo a mais pessoas por meio dos meus textos e proporcionando uma felicidade maior aos membros da minha família e aos meus amigos pessoais. Se não conseguirmos aumentar o nosso grau de sucesso dessa maneira, então certamente não sabemos como fazê-lo!

Não recomendo de jeito nenhum que alguém desista de ir atrás de dinheiro como um meio de encontrar sucesso e felicidade, mas recomendo enfaticamente que ninguém dependa inteiramente do poder do dinheiro para alcançar o sucesso.

Nunca tive uma quantidade suficiente de dinheiro que me levasse a parar de tentar prestar serviços, mas conheço pessoas que tiveram, e o resultado não foi exatamente o que eu chamaria de sucesso.

É por isso que o sucesso financeiro é perigoso

O sucesso financeiro proporciona poder, e o poder é perigoso para aqueles que não aprenderam a utilizá-lo de uma maneira justa e sábia. O grande poder financeiro possui a clara tendência de promover a intolerância e o desprezo pelos direitos dos outros. Quando você começar a ser financeiramente bem-sucedido, precisará observar as suas ações com mais cuidado do que nunca.

Com muita frequência, o sucesso financeiro sufoca os impulsos mais sutis do coração humano e conduz a pessoa ao culto do deus Mamom! Quando uma pessoa que acumula um grande poder financeiro, sem ter experimentado liberalmente a escória da pobreza, usa esse poder com sabedoria, estamos diante da exceção e não da regra. O verdadeiro sucesso não pode ser medido em dólares. Ele só pode ser avaliado por intermédio da quantidade e da qualidade do serviço que prestamos para o bem dos outros. Se o poder financeiro eliminar o desejo de prestarmos um serviço útil, ele poderá ser adequadamente interpretado como fracasso, em vez de sucesso.

Fique atento às suas ações quando você começar a acumular mais dinheiro do que necessita para os seus gastos diários. Tome cuidado para que ele não deixe os seus olhos cegos para o único caminho incontestável em direção ao verdadeiro sucesso, que é a execução de um serviço útil para o bem da humanidade.

Dois homens, duas pernas, grande diferença

Na cidade de Wichita Falls, no Texas, vi um homem que só tinha uma perna sentado na calçada pedindo esmola. Algumas perguntas revelaram que ele tinha tido uma educação adequada, mas ele disse que estava mendigando porque ninguém lhe dava trabalho. "O mundo está contra mim e perdi a confiança em mim mesmo", declarou. Ah, ali estava o obstáculo: "Perdi a confiança em mim mesmo."

Como criar a deslumbrante vibração do sucesso

Em frente ao meu escritório, do outro lado do corredor, há outro homem com uma perna só. Eu o conheço há muitos anos, sei que ele não avançou muito nos estudos e tem menos treinamento do que o pedinte que só tem uma perna. No entanto, ele está ganhando um esplêndido salário como gerente de vendas de uma empresa industrial, onde coordena uma equipe de cinquenta pessoas. O mendigo exibia o coto da perna amputada como evidência de que precisava de esmolas. O outro homem que só tinha uma perna cobria o coto da perna amputada para evitar chamar atenção.

A diferença entre os dois reside apenas no ponto de vista. Um deles acredita em si mesmo e o outro, não. O que acredita em si mesmo poderia perder a outra perna e os dois braços e ainda assim ganhar muito dinheiro. Ele poderia até mesmo perder os dois olhos, e ainda assim ser muito bem-sucedido.

O mundo não o derrota enquanto você não derrota a si mesmo. Um fabricante de produtos de carne, que esteve certa vez no topo do seu setor, tornou-se um homem rico no negócio de salsichas depois que uma paralisia o impediu de usar quase todos os músculos do corpo. Ele não conseguia virar de lado sem ajuda, mas acreditava em si mesmo. Desde que tenha fé em si mesmo, e essa mente maravilhosa que você tem continue a funcionar adequadamente, você não poderá ser derrotado em nenhum empreendimento legítimo. Essa declaração é feita sem qualificações, porque é verdadeira.

CAPÍTULO TRÊS

16 degraus na escada mágica para o sucesso

Existe "algo" indescritível a respeito da *Escada mágica para o sucesso* que atrai, retém e inspira todos que a leem. Ela ajudou milhares de pessoas a encontrar o primeiro passo em direção à realização. Ela atrai igualmente ricos e pobres, instruídos e ignorantes, e tem o efeito de reunir as pessoas em um espírito de compreensão mais estreito.

O objetivo dessa escada é mostrar o que é o poder humano e como ele é desenvolvido naqueles que não o possuem. O poder humano só surge por meio do conhecimento organizado e inteligentemente direcionado. Os fatos por si mesmos não representam poder. O conhecimento, não organizado e sem um controle e orientação inteligentes, não representa poder.

Uma grande quantidade de conhecimento está cuidadosamente classificada e armazenada tanto no papel quanto eletronicamente, mas esse conhecimento não representa nenhum poder enquanto não é transformado em um empenho organizado e inteligentemente direcionado. Os diplomas universitários, ou o grau de instrução que esses diplomas representam, não encerram nenhum poder enquanto essa instrução não é classificada, organizada e colocada em ação. O poder humano é energia organizada e inteligentemente direcionada, como representada pelos fatos, inteligência e faculdades por meio dos quais a mente humana opera.

16 degraus na escada mágica para o sucesso

Em peso, força de tração e tamanho, uma corrente forte dentro de um saco cheio de elos isolados é impressionante, mas esses elos representam apenas uma corrente potencial se não forem organizados, conectados e soldados. O mesmo se aplica às faculdades das pessoas. Elas precisam ser organizadas antes de representar poder. Existem dois tipos de poder humano. Um deles é representado pela organização das faculdades individuais, o que confere um crescente poder ao indivíduo, e o outro é caracterizado pela organização de pessoas e grupos de pessoas.

É fato conhecido que um punhado de soldados bem organizados é capaz de derrotar um número dez vezes maior de soldados desorganizados e indisciplinados, e a história está repleta de biografias de pessoas que ficaram ricas e famosas por meio do processo de organizar e dirigir com inteligência as suas faculdades individuais, ao passo que milhões ao seu redor, na presença de idênticas oportunidades, permaneceram medíocres e um completo fracasso.

Uma pequena bateria encerra uma energia considerável, porém não suficiente para causar um dano físico a uma pessoa que a toque e provoque um curto-circuito, absorvendo a carga completa. Mil dessas baterias são igualmente inofensivas — até que elas sejam organizadas e conectadas. Por meio desse processo de organização, se a energia de mil baterias for transmitida para um fio, a energia produzida será suficiente para acionar uma máquina de tamanho considerável. Esse grupo de baterias pode ser igualado a pessoas, no sentido de que o poder significativamente aumentado é alcançado por meio do esforço organizado de um grande grupo de pessoas, em comparação com o esforço dessas mesmas pessoas agindo isoladamente.

O objetivo desta escada é, sobretudo, dirigir a atenção para o *modus operandi* por meio do qual o poder individual é desenvolvido e aplicado aos problemas econômicos da vida.

Se você organizar as suas faculdades de acordo com o padrão especificado nesta escada, desenvolvendo adequadamente as qualidades representadas pelos 16 degraus, constatará que o seu poder terá aumentado enormemente. Você vai se encontrar na posse de um poder que não sabia possuir e, por meio do manejo inteligente deste, poderá alcançar praticamente qualquer posição na vida à qual você aspire.

Os 16 degraus desta escada representam a mais seleta e ilustrativa experiência dos meus 22 anos de vida profissional:

Primeiro degrau:	Um propósito definido na vida
Segundo degrau:	Autoconfiança
Terceiro degrau:	Iniciativa
Quarto degrau:	Imaginação
Quinto degrau:	Ação
Sexto degrau:	Entusiasmo
Sétimo degrau:	Autocontrole
Oitavo degrau:	O hábito de realizar mais e executar um trabalho melhor do que aquele para o qual foi contratado
Nono degrau:	Uma personalidade atraente
Décimo degrau:	Um modo de pensar preciso
Décimo primeiro degrau.	Concentração
Décimo segundo degrau:	Persistência
Décimo terceiro degrau:	Os fracassos
Décimo quarto degrau:	Tolerância e solidariedade
Décimo quinto degrau:	Trabalho
Décimo sexto degrau:	A regra de ouro

Vou conduzi-lo aos bastidores da minha vida privada para que você possa aprender as importantes lições descritas no esquema de tópicos da escada, na esperança de que o caminho que você terá que percorrer para alcançar o seu objetivo possa ser de alguma maneira abreviado e os obstáculos que certamente o aguardam de algum modo minimizados.

16 degraus na escada mágica para o sucesso

O sucesso não deveria ser uma mera questão de sorte, como acontece na maioria dos casos, porque o caminho que conduz ao sucesso é hoje bem conhecido, e cada centímetro dele foi mapeado cuidadosamente e com precisão. A escada mágica para o sucesso o levará aonde você desejar ir, se você dominá-la e organizar as suas faculdades de acordo com o plano dela — declaração que faço depois de não apenas ter organizado as minhas próprias faculdades e as conduzido com sucesso para um resultado específico, mas também depois de ter ajudado outras pessoas a fazer o mesmo em milhares de casos.

Esta escada mágica para o sucesso representa 22 anos de experiência e observação efetiva, dos quais pelo menos 12 foram orientados para a intensa análise e estudo da conduta e do caráter humanos.

O que o autor descobriu depois de analisar 12 mil pessoas

Ao longo dos últimos 12 anos, analisei mais de 12 mil homens e mulheres. Essas análises deram origem a alguns fatos surpreendentes, um dos quais foi que 95% da população adulta pertencem à classe que poderia adequadamente ser chamada de não organizada (tanto no que diz respeito às faculdades individuais quanto ao empenho em grupo ou coletivo), ou classe dos seguidores, e a classe dos outros 5% poderia ser chamada de classe dos líderes. Outro fato espantoso descoberto a partir da organização e classificação das tendências e dos hábitos dos seres humanos, como demonstrado por essas análises, foi que a principal razão pela qual a esmagadora maioria das pessoas pertencia à classe dos seguidores era a ausência de um propósito definido na vida e de um plano claro e distinto para pôr em prática esse propósito.

Com a precedente análise da escada mágica para o sucesso, você já pôde ver que a escada lida inteiramente com o tema de adquirir poder humano por meio da organização, coordenação e classificação das faculdades humanas. Tenha em mente que essa escada não se destina a ser uma panaceia para todos os males que atormentam o percurso da raça humana e tampouco almeja ser uma "nova" fórmula para o sucesso. O propósito dela é ajudá-lo a organizar aquilo que você já tem e a dirigir as suas atividades no futuro de uma maneira mais poderosa e precisa do que você fez no passado. Expresso de outra maneira, o propósito dela é ajudá-lo a educar a si mesmo. Com a palavra educar, estou querendo dizer desenvolver, organizar e dirigir com inteligência as faculdades naturais presentes no que é chamado de mente.

O preço elevado da ausência de um propósito definido

O poder se manifesta por meio da verdadeira educação ou instrução! Quem não aprendeu a organizar, classificar e dirigir de um modo inteligente as faculdades da mente para um objetivo definido não pode ser considerado uma pessoa instruída. Quem não aprendeu a separar os fatos da mera informação, reunindo-os em um plano de ação organizado, tendo em vista um objetivo definido, não pode ser considerado instruído.

Educação não é escolaridade

A mera escolaridade não é evidência de instrução. Os diplomas universitários não são prova de que aqueles que os possuem são pessoas educadas ou instruídas. A palavra educar deriva, se me recordo corretamente, do vocábulo latino *educo*, que significa desenvolver a partir de dentro, deduzir, extrair, expandir por meio do uso. Não significa abarrotar o cérebro de conhecimento, que é o significado contido na maioria dos dicionários.

Demoro-me bastante nas palavras *educar* e *organizar*, porque essas duas palavras são a base da urdidura da escada mágica para o sucesso.

Instrução é algo que você precisa adquirir. Ninguém pode dá-la de presente para você; você precisa obtê-la por si mesmo. Você tem que trabalhar para conquistá-la e precisa trabalhar para conservá-la. A instrução não vem do conhecimento e sim da ação. Toda biblioteca é repleta de fatos, mas os livros em si não contêm nenhum poder. Eles não são instruídos ou educados porque não podem pôr em prática os fatos que foram classificados e catalogados nas suas páginas. O mesmo é válido para o humano autômato que apenas acumula conhecimento sem utilizá-lo de forma organizada.

Uma tonelada de carvão contém uma energia considerável, mas o carvão precisa primeiro ser desenterrado e colocado em ação, por meio da ajuda da combustão, antes que a energia possa ser utilizada. O que é meramente talento no cérebro humano não representa mais energia ou poder do que o carvão debaixo da terra, enquanto não é organizado e colocado em prática com um objetivo definido.

O motivo pelo qual as pessoas podem adquirir instrução mais rápido com a cooperação das escolas e professores do que poderiam obtê-la sem eles é o fato de as escolas ajudarem a organizar o conhecimento. Se pareço enfatizar exageradamente a questão da organização, quero lembrar que a ausência da capacidade de organizar, classificar e direcionar com inteligência as faculdades mentais constitui o obstáculo que leva a grande maioria dos "fracassos" a tropeçar e mergulhar em direção à ruína.

Se, por meio da repetição e ao abordar essa questão a partir de vários ângulos, como planejei fazer, eu conseguir demonstrar a importância de você organizar adequadamente as suas faculdades e direcioná-las para um objetivo definido, terei feito por você tudo o que qualquer escola na terra tem a intenção de fazer pelos seus alunos.

Considerando o que acabo de expor um prelúdio, estamos agora prontos para pisar no primeiro degrau da escada mágica para o sucesso.

PRIMEIRO DEGRAU: UM PROPÓSITO DEFINIDO NA VIDA

Ninguém pensaria em uma quantidade de areia, madeira, tijolos e materiais de construção com o objetivo de construir uma casa sem primeiro criar um plano definido para ela. No entanto, a minha experiência ao analisar mais de 12 mil pessoas mostrou, de maneira conclusiva, que 95% delas não têm um plano desse tipo para construir uma carreira, que é mil vezes mais importante do que construir uma casa.

Não desconsidere a importância da palavra *definido*, porque ela é a mais importante na frase "um propósito definido na vida". Sem essa palavra, a frase representa o que todos temos, que nada mais é do que uma vaga intenção de ser bem-sucedidos. Não sabemos como, quando ou onde, ou pelo menos aqueles que pertencem à classe dos 95% não sabem. Parecemos um navio sem leme, vagando pelo oceano, navegando em círculos e consumindo uma energia que nunca nos conduz à orla porque não miramos um objetivo definido, perseguindo-o até alcançá-lo.

Você está começando agora a adquirir poder humano por meio da organização, classificação e direcionamento inteligente do conhecimento, mas o seu primeiro passo precisa ser a escolha de um propósito definido, caso contrário é como se não tivesse nenhum poder, já que não será capaz de conduzi-lo a um objetivo compensador. É necessário que você tenha não apenas um propósito definido na vida, mas também um plano definido para alcançar esse propósito. Por conseguinte, faça uma declaração escrita do seu propósito definido, bem como uma declaração escrita, extremamente detalhada, do seu plano para atingir esse propósito.

Há um motivo psicológico para insistir em que você sintetize por escrito o seu propósito definido e o seu plano para alcançá-lo, motivo esse que você compreenderá plenamente depois que tiver dominado o tema da autossugestão.

Tenha em mente que tanto o seu propósito definido quanto o seu plano para alcançá-lo podem ser modificados de tempos em tempos. Aliás, você será uma pessoa incomum se tiver a visão e a imaginação de enxergar agora um propósito definido cujo escopo seja grande o bastante para satisfazer a sua ambição um pouco mais tarde. O importante para você agora é compreender a importância de sempre trabalhar com um propósito definido em mente, e sempre com um plano claro e distinto. Você precisa tornar esse princípio parte do processo no qual organiza as suas faculdades e deve aplicá-lo em tudo o que fizer, formando assim o hábito do esforço sistemático e organizado.

Um ano depois da ocasião em que tiver anotado a primeira declaração do seu propósito definido na vida, é extremamente provável que fique surpreso diante da sua pequena abrangência, porque a essa altura você terá desenvolvido uma maior visão e autoconfiança. Você conseguirá realizar mais por causa da convicção de que é capaz disso e devido à coragem de estabelecer uma missão maior para si mesmo, como indicado pelo seu propósito definido.

Esse processo de educar — de *deduzir*, de expandir a partir de dentro e estender a sua mente — possibilitará que você pense de uma maneira mais ampla sem que isso cause medo. Ele permitirá que você observe o seu propósito definido na vida com olhos de análise e síntese, e enxergue não apenas a totalidade, mas também os componentes dela, todos os quais parecerão pequenos e insignificantes para você. Os engenheiros deslocam montanhas de um lugar para outro sem nenhuma dificuldade; eles não tentam mover a montanha inteira de uma só vez, mas o fazem pouco a pouco, de acordo com um plano definido.

O tempo e o dinheiro necessários para construir o canal do Panamá foram corretamente estimados com anos de antecedência, na verdade antes que uma única pá de terra tivesse sido removida, porque os engenheiros que o construíram tinham aprendido a trabalhar com planos definidos.

O canal foi um sucesso!

Foi um sucesso porque as pessoas que o planejaram e construíram seguiram o princípio que expus, para a sua orientação, como o primeiro degrau desta escada. Por conseguinte, você pode perceber prontamente que esse princípio não traz qualquer novidade. Ele não precisa de uma experimentação para provar a sua exatidão porque as pessoas bem-sucedidas do passado já o demonstraram.

Decida agora o que você deseja fazer na vida e, em seguida, formule os seus planos e comece a segui-los. Se tiver dificuldade em decidir qual deverá ser o seu trabalho na vida, poderá contratar os serviços de coaches e orientadores competentes que saberão ajudá-lo a escolher um trabalho que estará em harmonia com as suas inclinações naturais, temperamento, força física, treinamento e habilidade inata.

Isso nos conduz ao segundo degrau da escada.

SEGUNDO DEGRAU: AUTOCONFIANÇA

Dificilmente valeria a pena criar um propósito definido na vida ou um plano para alcançá-lo se não tivéssemos a autoconfiança necessária para colocar o plano em prática e atingir o objetivo. Quase todo mundo tem uma certa quantidade do que é comumente considerado autoconfiança, mas somente um número relativamente pequeno de pessoas possui o tipo específico de autoconfiança que designamos como o segundo degrau da escada mágica para o sucesso.

A autoconfiança é um estado mental que qualquer um de nós pode desenvolver em um breve intervalo de tempo. Há mais ou menos vinte anos trabalhei como operário em minas de carvão. Certa noite, um acontecimento marcou o momento mais decisivo na minha vida. Eu estava sentado diante de uma fogueira, discutindo com um colega o problema da agitação e do antagonismo entre o empregador e o empregado. Eu disse algo que impressionou esse homem e ele teve uma atitude que representou a minha primeira aula na formação da autoconfiança. Ele se inclinou para a frente, pegou no meu ombro e olhou diretamente nos meus olhos, dizendo: "Você é um rapaz inteligente, e se resolver frequentar a escola certamente deixará a sua marca no mundo!"

Não foi tanto o que ele disse e sim a maneira como disse aquelas palavras — o brilho nos seus olhos, a firmeza com que segurou o meu ombro enquanto falava — que me impressionou. Era a primeira vez na minha vida que alguém me dizia que eu era "inteligente" ou que eu poderia deixar a minha "marca" no mundo. Aquilo me conferiu o meu primeiro raio de esperança, o meu primeiro vislumbre de autoconfiança.

A semente da autoconfiança foi semeada na minha mente naquela ocasião e vem crescendo ao longo de todos esses anos. A primeira coisa que essa semente de autoconfiança plantada na minha mente fez foi me levar a me desligar das minas e procurar um trabalho mais bem remunerado. Ela provocou em mim uma sede de conhecimento, a tal ponto que, a cada ano, estou me tornando um estudante mais eficiente. Hoje, por exemplo, sou capaz de reunir, classificar e organizar fatos em menos de um décimo do tempo que eu levava alguns anos atrás.

TERCEIRO DEGRAU: INICIATIVA

A iniciativa é aquela qualidade rara que impele uma pessoa a fazer o que deve ser feito sem que lhe digam para fazê-lo. Todos os grandes líderes precisam ter iniciativa. Uma pessoa sem iniciativa jamais poderia se tornar um grande general nas operações militares ou um dirigente de peso no comércio ou na indústria, porque o comando, para ser bem-sucedido, precisa se basear em uma ação intensa.

Excelentes oportunidades espreitam em cada esquina, esperando para serem descobertas por pessoas com iniciativa. Quando as pessoas executam apenas as tarefas que lhes foram atribuídas e nada mais, não atraem nenhuma atenção particular. No entanto, quando tomam a iniciativa, vão em frente e procuram outras tarefas para executar depois de ter concluído as suas atribuições regulares, elas atraem favoravelmente a atenção dos seus superiores, os quais, de bom grado, lhes atribuem maiores responsabilidades com uma remuneração correspondente.

Antes que alguém possa ascender muito alto em qualquer área de empreendimento, precisa se tornar uma pessoa de visão capaz de pensar de uma maneira abrangente, de criar planos definidos e depois conduzi-los à ação. Tudo isso torna imperativo que a qualidade da iniciativa seja desenvolvida.

Você talvez já tenha notado que uma das características importantes pertinentes a essa escada mágica é o grau em que os seus degraus se combinam e se harmonizam uns com os outros, para que toda a escada constitua uma poderosa organização de material utilizável. Repare como o terceiro e o quarto degraus se complementam, por exemplo, e observe também o poder proveniente da combinação adequada desses dois degraus nas questões práticas da vida.

QUARTO DEGRAU: IMAGINAÇÃO

A imaginação é a oficina da mente humana na qual antigas ideias são integradas em novas combinações e planos. Quando Thomas Edison inventou a luz incandescente, ele meramente reuniu, primeiro na sua imaginação e depois no laboratório, dois princípios bem conhecidos e interligou-os, por assim dizer, de uma nova maneira. Ele sabia, como quase todo eletricista amador sabe, que o atrito em uma linha elétrica causaria calor; que a linha podia ser aquecida, no ponto de atrito, a uma incandescência branca e, desse modo, produzir luz. Mas o problema era que o fio se queimava em dois.

Finalmente, depois de procurar no mundo inteiro uma fibra ou filamento especial que pudesse ser aquecido a uma incandescência branca sem se queimar em dois, Edison pensou no velho princípio do carvão vegetal, no qual uma pilha de madeira é colocada no chão, queimada e depois coberta com terra, com o ar sendo obstruído. A madeira arde lentamente, mas não pode queimar inteiramente porque a maior parte do oxigênio foi removida. Por conseguinte, não pode haver combustão suficiente. No momento em que Edison pensou nesse princípio do carvão vegetal, foi para o laboratório, colocou o filamento dentro de um globo, cortou o ar e, pasmem, produziu a arredia luz incandescente.

Quando Cristóvão Colombo voltou os olhos para o Ocidente em busca de um "novo mundo", recorreu ao uso mais lucrativo de iniciativa e imaginação jamais registrado em toda a história. Da combinação dessas duas qualidades nasceu a América.

Quando Gutenberg voltou a atenção para a invenção da prensa tipográfica moderna, também utilizou lucrativamente a iniciativa e a imaginação, porque deu asas ao pensamento e tornou o mundo inteiro mais próximo.

Quando os irmãos Wright voltaram a atenção para o avião, usaram a iniciativa e a imaginação. No espaço de poucos anos, o seu invento dominou o ar e encurtou imensamente a distância entre dois pontos.

Todas as grandes invenções devem a sua existência à combinação dessas duas forças — a iniciativa e a imaginação. Ninguém é capaz de definir os limites que uma pessoa de capacidade comum consegue alcançar utilizando a iniciativa e a imaginação. A ausência dessas duas qualidades é o principal motivo pelo qual 95% dos adultos no mundo não têm um propósito definido na vida, o que, por sua vez, também é a razão pela qual esses mesmos 95% constituem os seguidores na vida.

Os líderes são sempre homens e mulheres de iniciativa e imaginação.

QUINTO DEGRAU: AÇÃO

O mundo só paga por uma coisa, que é o serviço prestado ou, em outras palavras, a ação. O conhecimento armazenado é inútil; não beneficia ninguém enquanto não se manifestar em forma de ação. Ninguém paga por mercadorias nas prateleiras; elas precisam ser puxadas para baixo e conduzidas ao serviço antes que o mundo pague por elas.

Você pode ser diplomado por uma das melhores faculdades ou universidades — na verdade, pode ter todos os fatos de todas as enciclopédias do mundo armazenados na cabeça —, mas a não ser que organize esse conhecimento e o expresse em ação, ele de nada valerá para você ou para o mundo.

Há alguns anos, fui até os parques públicos de Chicago e entrevistei sete dos sem-teto — aqueles que ficam deitados com o jornal cobrindo o rosto enquanto o trabalho é abundante e os salários são altos. Eu queria ter um vislumbre do "álibi" particular deles. Eu sabia que eles tinham o que acreditavam ser um "motivo" para estar sem trabalho.

Com algum trocado e o bolso cheio de charutos, eu me aproximei desses homens, e o que você imagina que cada um deles me disse?

Cada um, basicamente, disse o seguinte: "Estou aqui porque o mundo se recusou a me dar uma chance!"

Pense nisso: "Porque o mundo se recusou a me dar uma chance!"

Por acaso o mundo alguma vez deu a qualquer pessoa uma chance a não ser a que ela própria criou usando a sua imaginação, autoconfiança, iniciativa e as outras qualidades mencionadas nesta escada? Não precisamos defender o argumento de que se não houver ação, toda a instrução do mundo, todo o conhecimento que jamais procedeu das melhores faculdades e universidades da terra, todas as boas intenções e todas as outras qualidades mencionadas nesta escada mágica não terão o menor valor.

Uma pessoa sem essa grande qualidade da ação parece uma grande locomotiva que permanece no trilho lateral ou na rotunda com carvão no *bunker*, água no tanque, fogo na fornalha, vapor no domo, porém sem um maquinista para abrir a válvula reguladora. Esse magnífico exemplar de força locomotiva é tão inútil quanto uma duna de areia enquanto alguém não abre a válvula reguladora e põe em ação o mecanismo.

A sua cabeça contém uma grande máquina que rivaliza com todas as locomotivas e máquinas já construídas pelo homem, mas ela é tão inútil quanto a locomotiva que permanece no trilho lateral sem o maquinista, até que você a ponha em ação. Milhões de pessoas neste mundo possuem todos os elementos básicos para um grande sucesso, têm tudo o que é necessário para prestar um excelente serviço ao mundo, exceto uma qualidade — a ação!

Usando apenas um pouco de imaginação, você poderá perceber como a ação está estreitamente relacionada com todas as outras qualidades cobertas pelos quatro primeiros degraus da escada. Você poderá constatar como a falta de ação invalidaria todas as outras qualidades. Quando uma pessoa entra em ação, as qualidades negativas da procrastinação, do medo, da preocupação e da dúvida ficam completamente na defensiva, e quase todo mundo sabe que uma luta pode ser mais bem travada na ofensiva do que na defensiva.

A ação é uma das principais qualidades que todos os líderes devem ter e, incidentalmente, ela é a principal qualidade que distingue o líder daqueles que seguem. Vale a pena refletir sobre isso, porque poderá ajudar alguns de nós a deixarem para trás a ralé dos seguidores e avançar em direção à classe seleta e limitada dos líderes.

SEXTO DEGRAU: ENTUSIASMO

O próximo degrau na escada é, com muita propriedade, chamado de entusiasmo, porque este geralmente nos incentiva a agir e, por conseguinte, deve estar estreitamente associado à ação. Se estivéssemos examinando os degraus desta escada na ordem de importância, o entusiasmo provavelmente precederia a ação porque não é provável que uma pessoa esteja muito ativa se o entusiasmo não estiver presente.

O entusiasmo em geral se desenvolve automaticamente, quando as pessoas encontram o trabalho mais adequado para elas, aquele que mais lhes agrada. Não é provável que você consiga permanecer muito entusiasmado com um trabalho de que não goste, de modo que cabe a você procurar incansavelmente até encontrar um trabalho a que possa se entregar de corpo e alma — aquele no qual você possa genuína e persistentemente "se perder".

SÉTIMO DEGRAU: AUTOCONTROLE

Durante longos e perigosos 18 anos, um arqui-inimigo impediu que eu alcançasse o meu propósito definido.

Esse inimigo era a falta de autocontrole.

Eu estava sempre em busca de desavenças e discussões, e geralmente as encontrava. Eu despendia a maior parte do meu tempo tentando provar às pessoas que elas estavam erradas, quando deveria ter passado esse valioso tempo mostrando a mim mesmo que o errado era eu. Criticar os outros é, sem dúvida, a atividade menos proveitosa à qual podemos nos dedicar. Ela faz inimigos e desmoraliza o espírito da amizade, sem corrigir ou ajudar de alguma maneira a outra pessoa.

A ausência de autocontrole conduz à crítica constante.

Ninguém jamais se tornou um grande líder sem antes aprender a liderar a si mesmo por meio do autocontrole. O autodomínio é o primeiro estágio em direção à verdadeira realização. Quando as pessoas perdem a calma, algo acontece no cérebro delas que deve ser compreendido em um sentido mais amplo. As pessoas zangadas não "perdem" realmente a calma; a raiva simplesmente inflama a disposição delas, atraindo para o cérebro elementos químicos que, combinados com a raiva, formam um veneno mortífero.

Uma pessoa zangada emitirá, a cada expiração, uma quantidade de ar suficiente para matar um porquinho-da-índia!

Só existem três maneiras de eliminar o veneno fabricado pelo cérebro durante a raiva. Uma delas é através dos poros da pele; outra é através dos pulmões, com o veneno sendo expirado na respiração sob a forma de gases; e uma terceira é através do fígado, que separa a matéria residual do sangue.

Quando esses três caminhos ficam sobrecarregados, o veneno excedente fabricado por uma pessoa zangada é distribuído pelo sistema e o envenena, exatamente como se qualquer outra droga venenosa tivesse sido injetada no sangue por meio de uma seringa hipodérmica.

A raiva, o ódio, o ceticismo, o pessimismo e outros estados mentais negativos tendem a intoxicar o sistema e devem ser evitados. Eles fazem parte da negativa mortífera denominada falta de autocontrole.

16 degraus na escada mágica para o sucesso

OITAVO DEGRAU: O HÁBITO DE REALIZAR MAIS E EXECUTAR UM TRABALHO MELHOR DO QUE AQUELE PARA O QUAL FOI CONTRATADO

Não acredito que alguém consiga se elevar acima da mediocridade sem desenvolver o hábito de trabalhar mais e executar um serviço melhor do que aquele que é efetivamente pago para fazer. As pessoas que fazem dessa atitude um hábito em geral são consideradas líderes e, sem exceção, até onde sabemos, todas ascenderam ao topo da sua profissão ou negócio, independentemente de outros obstáculos que possam ter surgido no caminho.

Aquele que presta esse tipo de serviço certamente atrairá a atenção de pessoas que começarão a competir ativamente pelos seus serviços. Ninguém jamais ouviu falar em uma competição pelos serviços da pessoa que trabalha o mínimo possível e que executa o seu trabalho com negligência e má vontade.

Toda a aptidão do mundo, todo o conhecimento registrado nos livros ao longo das eras e toda a escolaridade do planeta não criarão um mercado lucrativo para os serviços daquele que presta o mínimo de serviço com a pior qualidade possível.

Por outro lado, o espírito de executar uma quantidade maior de trabalho de qualidade melhor do que aquele que somos pagos para fazer certamente produzirá uma recompensa justa. Compensará muitas qualidades negativas e a ausência de outras características desejáveis.

NONO DEGRAU: UMA PERSONALIDADE ATRAENTE

Você poderá perceber de imediato que mesmo que possuísse todas as qualidades até aqui delineadas, é bem provável que fracassasse no seu trabalho se não tivesse uma personalidade agradável que atraísse as pessoas.

A personalidade não pode ser definida em uma única palavra, porque ela é a soma das qualidades que distinguem uma pessoa de todas as outras. As roupas que você usa fazem parte da sua personalidade — aliás, uma parte muito importante. A sua expressão facial, revelada pelas linhas no seu rosto ou pela ausência delas, forma uma parte da sua personalidade. As palavras que você fala constituem uma parte muito importante da sua personalidade, e o distinguem instantaneamente, assim que você diz alguma coisa, como uma pessoa requintada ou mal-educada. A sua voz também representa uma parte importante da sua personalidade, parte essa que, para ser agradável, precisa ser cultivada, treinada e desenvolvida de maneira a ser harmoniosa, profunda e expressa com ritmo. A maneira como você dá um aperto de mão forma uma parte importante da sua personalidade; por conseguinte, deve torná-lo firme e vibrante. Se você meramente permitir que a outra pessoa aperte a sua mão frouxa, fria e sem vida, está exibindo o que constitui uma personalidade negativa.

A personalidade atraente pode ser descrita como aquela que atrai as pessoas para você e faz com que elas encontrem companheirismo e harmonia na sua companhia, ao passo que a personalidade desagradável faz com que as pessoas queiram se afastar o máximo possível de você.

Sem dúvida, você é capaz de analisar a si mesmo e determinar se as pessoas são ou não atraídas para você e, se não forem, você certamente pode descobrir o motivo. Além disso, talvez seja interessante saber que o tipo de pessoas que você atrai indica claramente o seu caráter e personalidade, porque você atrairá aquelas que estão em harmonia com você e cujo caráter e natureza correspondem ao seu.

Uma personalidade atraente em geral pode ser encontrada na pessoa que fala com delicadeza e gentileza, selecionando palavras que não ofendem; que escolhe roupas com um estilo apropriado e cores que combinam. Na pessoa que é altruísta e está disposta a servir os outros; que é amiga de toda a humanidade, independentemente da religião, credo ou pontos de vista econômicos; que se abstém de falar mal dos outros, com ou sem razão. Na pessoa que consegue conversar sem se deixar envolver com uma discussão ou tentar arrastar os outros para temas controversos como religião ou política; que enxerga o bem que existe nas pessoas e desconsidera o mal; que não busca corrigir ou censurar os outros; que sorri profundamente com frequência. Na pessoa que ama as crianças, as flores, os pássaros, a grama que cresce, as árvores e os riachos que correm; que se mostra solidária com todos os que estão em dificuldades; que perdoa os atos de grosseria; que concede de bom grado o direito dos outros de fazer o que bem quiserem desde que não estejam interferindo nos benefícios de ninguém. Na pessoa que se esforça sinceramente para ser construtiva em tudo o que pensa e faz; que incentiva os outros e os impele a empreender maiores realizações em algum trabalho útil para o bem da humanidade, levando-os a se interessar por si mesmos e inspirando-os com autoconfiança; que é uma ouvinte paciente e interessada que tem o hábito de conceder à outra pessoa uma parte da conversa sem interromper e falar o tempo todo.

A personalidade atraente, como todas as outras qualidades mencionadas nesta escada, é facilmente desenvolvida por meio da aplicação da psicologia aplicada.

DÉCIMO DEGRAU: UM MODO DE PENSAR PRECISO

Depois de ter aprendido a pensar corretamente, você praticará automaticamente, com facilidade, o hábito de examinar tudo o que tenta entrar na sua mente, para verificar se se trata de mera "informação" ou de fatos. E aprenderá a manter afastadas da sua mente todas as impressões que não surgem de fatos e sim de preconceitos, do ódio, da raiva, de tendenciosidades e de outras fontes falsas.

Você aprenderá a separar os fatos em dois grupos, ou seja, os relevantes e os irrelevantes, ou importantes e não importantes. E aprenderá a organizar os fatos "importantes", inserindo-os em um perfeito julgamento ou plano de ação.

Você aprenderá a analisar o que lê ou vê através dos diversos veículos da mídia, fazendo as deduções necessárias, raciocinando a partir dos fatos conhecidos para os desconhecidos e chegando a um parecer bem equilibrado que não seja distorcido pelo preconceito ou fundamentado em meras "informações" que você não examinou com cuidado.

Também aprenderá, quando compreender como pensar corretamente, como submeter o que os outros dizem ao mesmo processo, porque isso o conduzirá para mais perto da verdade. Aprenderá a não aceitar informações como fato a não ser que ela se ajuste à sua inteligência e passe nos diferentes testes aos quais o pensador judicioso sempre submete tudo o que tenta penetrar na sua mente.

E também aprenderá a não se deixar influenciar pelo que uma pessoa diz a respeito de outra enquanto não tiver ponderado a afirmação, a examinado e determinado, de acordo com os princípios conhecidos do pensamento correto, se ela é falsa ou verdadeira.

Se o pensamento científico fará tudo isso por você, trata-se de uma qualidade desejável, não é mesmo?

Ele fará tudo isso — e muito mais — quando você compreender os princípios relativamente simples por meio dos quais o pensamento correto é produzido.

DÉCIMO PRIMEIRO DEGRAU: CONCENTRAÇÃO

A concentração, no sentido que a tornamos um dos degraus desta escada, refere-se à prática de induzir a mente a representar todos os detalhes delineados no seu objetivo principal ou em qualquer empreendimento, quer eles estejam relacionados ou não com o seu objetivo principal ou conduzam a ele, até que essa imagem tenha sido claramente traçada e maneiras práticas e meios de transformá-la em realidade tenham sido criados.

A concentração é o processo de induzir a sua imaginação a investigar cada canto e fenda da sua mente subconsciente, onde está armazenada uma imagem perfeita de cada impressão sensorial que já chegou à sua mente através dos cinco sentidos, e encontrar tudo o que pode ser usado com relação ao objeto da concentração.

A concentração também é o processo de reunir, como baterias elétricas que são ligadas por fios, a força combinada de todas as qualidades delineadas nesta Escada com o propósito de atingir um determinado fim ou alcançar um objetivo estabelecido — o objeto da concentração.

Ela é o processo de focalizar os poderes do pensamento em um determinado objeto até que a mente o tenha analisado e o separado em suas partes componentes, reunindo-o de novo em um plano definido.

A concentração é o processo de estudar os efeitos em função das suas causas e, inversamente, as causas em função dos seus efeitos.

DÉCIMO SEGUNDO DEGRAU: PERSISTÊNCIA

A persistência e a concentração estão tão estreitamente relacionadas que é difícil dizer onde está a linha que as separa.

Persistência é sinônimo de poder e determinação. É a qualidade que o leva a manter os poderes da mente focados em um determinado objetivo, por meio do princípio da concentração, até que esse objetivo tenha sido alcançado.

A persistência é a qualidade que o motiva a se erguer quando você é derrubado por um fracasso temporário e a continuar a perseguir um determinado desejo ou objetivo. É a qualidade que lhe confere fé e coragem para continuar a tentar em face de quaisquer obstáculos que possam surgir no seu caminho.

É a qualidade que induz o buldogue a encontrar o ponto de pressão mortal na garganta do seu adversário e depois se deitar e manter o aperto apesar de todas as tentativas de fazer com que ele solte a pressão.

No entanto, o seu objetivo não é desenvolver a persistência com o propósito de usá-la como o buldogue faz. Você a está desenvolvendo com a finalidade de vencer os obstáculos necessários que quase todas as pessoas precisam dominar para alcançar qualquer lugar compensador no mundo.

Você está desenvolvendo a persistência para que ela o conduza, resolutamente, em uma determinada direção somente depois que estiver convencido de que está indo na direção certa. No entanto, o uso indiscriminado da persistência poderá lhe causar dificuldades.

DÉCIMO TERCEIRO DEGRAU: OS FRACASSOS

Isso nos traz ao "afortunado" 13º degrau da escada — os fracassos!

Não tropece neste degrau. Ele é o mais interessante de todos porque lida com fatos que você precisa enfrentar na vida, quer deseje fazer isso ou não. Ele mostra, tão distintamente quanto você poderia ver o sol em um dia de céu claro, como é possível transformar cada fracasso em uma vantagem; como pode esculpir cada fracasso em uma pedra fundamental sobre a qual a sua casa do sucesso se erguerá para sempre.

O fracasso é o único tema em toda a escada que poderia ser chamado de "negativo", e vou lhe mostrar como e por que ele é uma das experiências mais importantes da vida.

O fracasso é o plano da natureza de salto de obstáculos e treinamento de pessoas para um trabalho compensador na vida. É o grande crisol e o processo da têmpora da natureza que queima os dejetos de todas as outras qualidades humanas e purifica o metal para que ele aguente o peso da sua utilização ao longo da vida. O fracasso é a grande lei da resistência que torna as pessoas mais fortes em proporção ao grau em que superam essa resistência.

Todo fracasso encerra uma lição importante e duradoura, desde que a pessoa faça uma análise, pense e se beneficie dela. O fracasso desenvolve a tolerância, a solidariedade e a bondade no coração humano. Você não terá viajado muito no caminho da vida quando descobrir que toda adversidade e todo fracasso é uma bênção disfarçada. É uma bênção porque fez com que a sua mente e o seu corpo entrassem em ação, levando ambos a crescer em consequência da lei do uso.

Examine os tempos passados e verá que a história está repleta de incidentes que mostram claramente o valor purificador e fortalecedor do fracasso.

Quando você começar a compreender que o fracasso é uma parte necessária da educação de todo indivíduo, deixará de contemplá-lo com medo e, quando menos esperar, não haverá mais fracassos! Ninguém jamais se ergueu da derrota por nocaute sem se tornar um ser humano mais forte e mais sábio em um ou outro aspecto.

Se examinar os seus próprios fracassos, se tiver a sorte de conseguir assinalar algum que tenha tido uma consequência importante, sem dúvida perceberá que esses fracassos marcaram certos pontos decisivos na sua vida e nos seus planos que foram benéficos para você.

DÉCIMO QUARTO DEGRAU:
TOLERÂNCIA E SOLIDARIEDADE

Uma das maldições do mundo de hoje é a intolerância e a falta de solidariedade.

Se as pessoas tivessem sido tolerantes, guerras jamais teriam varrido a face do mundo civilizado como fizeram. Nos Estados Unidos, é particularmente importante que aprendamos a lição da tolerância e da solidariedade, pelo motivo que o país é uma grande mistura cultural na qual se vive lado a lado com todas as raças e com os seguidores de todos os credos e religiões da terra.

A não ser que externemos tolerância e solidariedade, não estaremos vivendo à altura do padrão que inicialmente nos distinguiu do mundo despótico do outro lado do Atlântico. É possível aprender muitas lições consideráveis com as guerras, mas nenhuma é mais importante do que esta: a de que os seguidores de todas as religiões, nacionalidades e raças lutaram por uma causa comum.

Se pudemos lutar por uma causa comum durante uma guerra, sem exprimir intolerância uns pelos outros por causa da religião, da raça e do credo, e se consideramos necessário e proveitoso fazer isso, por que não continuar a fazer o mesmo nos tempos de paz?

O poder surge da cooperação!

Ao longo dos tempos, as pessoas pobres sofreram mais em virtude da sua própria indiferença e violenta intolerância umas com as outras do que com a opressão das classes dominantes. Na verdade, se as pessoas simples conseguissem deixar de lado a intolerância e trabalhar por uma causa comum, atrás de uma sólida linha de frente, nenhum poder na terra seria capaz de derrotá-las.

Nas operações militares, a derrota geralmente resulta da falta de organização. O mesmo acontece na vida. A intolerância e a ausência de uma iniciativa harmoniosa voltada para um objetivo comum sempre deixou a porta aberta, possibilitando que uns poucos que compreendiam o poder oriundo do esforço em conjunto pudessem intervir e controlar os desorganizados e intolerantes.

Atualmente, a intolerância está devastando o mundo por causa do terrorismo e da religião. Essas discordâncias nada mais são do que intolerância e ganância, e estão igualmente em evidência nos dois lados. Se ambos os lados pudessem enxergar que um deles é o braço e o outro a força vital que mantém esse braço vivo, cada um perceberia que a intolerância que tem um efeito negativo sobre um deles afeta o outro da mesma maneira.

Vamos acabar com a intolerância colocando o princípio acima da religião, da humanidade e da pessoa egoísta. Vamos utilizar uma inteligência pelo menos igual à da pequena abelha que trabalha pelo bem da colmeia, para que ela não pereça.

DÉCIMO QUINTO DEGRAU: O TRABALHO

Esta é uma das mais importantes qualidades entre as que compõem os degraus desta escada.

Todas as leis da natureza decretaram que nada que não é usado pode viver. O braço que é amarrado à lateral do corpo e impedido de se mover definhará e perecerá. O mesmo é verdade com relação a qualquer outra parte do corpo físico. A falta de uso promove a deterioração e a morte.

A mente humana, com todas as suas qualidades, não definhará se não for usada, mas o cérebro, o agente físico por meio do qual ela funciona, se deteriorará.

Toda imagem que chega ao cérebro humano através dos cinco sentidos se incrusta em uma das minúsculas células cerebrais, onde definhará e morrerá devido ao desuso ou se tornará vívida e saudável por meio da constante utilização. Os educadores admitem hoje que não é o conhecimento efetivo que as crianças extraem dos livros escolares que constitui a "educação" delas. É o desenvolvimento do cérebro que ocorre durante o processo da transferência desse conhecimento dos livros para o cérebro, o qual produz uma quantidade correspondente de uso do próprio cérebro, que representa o verdadeiro valor da instrução.

As qualidades delineadas nesta escada são suas por um pequeno preço, o preço do trabalho — do trabalho persistente e incessante. Desde que você exerça essas qualidades e as mantenha em funcionamento, elas se manterão fortes e saudáveis. No entanto, se você permitir que permaneçam inativas, ociosas, elas definharão, se deteriorarão e, finalmente, se extinguirão.

DÉCIMO SEXTO DEGRAU: A REGRA DE OURO

Este é o último degrau da escada. Talvez ele devesse ter sido o primeiro, porque o seu uso ou desuso determinará se, em última análise, a pessoa é mal ou bem-sucedida na aplicação de todas as outras qualidades mencionadas na escada. A filosofia da Regra de Ouro é o sol brilhante que deveria formar a base de todas as outras qualidades delineadas na escada.

A não ser que a Regra de Ouro ilumine o caminho que você percorre, é provável que você se precipite de ponta-cabeça em armadilhas das quais nunca conseguirá escapar.

A Regra de Ouro oferece o único caminho seguro em direção à felicidade, porque avança diretamente através do campo do serviço proveitoso no interesse da humanidade. É ela que desenvolve o espírito da "colmeia" nas pessoas e faz com que refreiem seus interesses pessoais em benefício da coletividade.

A Regra de Ouro atua como uma barreira para todas as nossas tendências em direção ao uso destrutivo do poder que resulta do desenvolvimento das outras qualidades descritas nesta escada. Ela é o antídoto contra o dano que as pessoas podem causar sem poder e conhecimento, aquilo que direciona as pessoas para o uso inteligente e construtivo das qualidades que desenvolvemos a partir da utilização dos degraus desta escada.

A Regra de Ouro é a luz que nos guia em direção aos objetivos na vida que deixam algo de valor para a prosperidade, que torna mais leve o fardo dos nossos companheiros que habitam a terra e os ajuda a encontrar o caminho em direção à iniciativa útil e construtiva.

A Regra de Ouro simplesmente significa que precisamos agir com relação aos outros da maneira como desejamos que eles ajam com relação a nós; que devemos fazer a eles aquilo que desejamos que nos seja feito; que precisamos oferecer em pensamentos, ações e desempenho o que esperamos receber dos outros.

Você tem diante de si, nesta escada, um perfeito projeto ou plano por meio do qual pode realizar qualquer empreendimento na vida que esteja ao alcance de uma pessoa da sua idade, que viva em um ambiente semelhante e tenha a sua mesma tendência natural e instrução. Esta é uma escada mágica que o levará a procurar o fim do arco-íris do sucesso, o que é o que quase todos nós esperamos encontrar em algum momento da vida.

O fim do seu arco-íris está visível e, no momento que você dominar as qualidades desta escada, poderá recolher o saco de ouro que está esperando o legítimo dono aparecer e reivindicá-lo.

CAPÍTULO QUATRO

Por que algumas pessoas são bem-sucedidas: um segredo

Fiz uma importante descoberta — uma descoberta que poderá ajudá-lo, não importa quem você seja, independentemente do seu propósito na vida, a alcançar o sucesso.

Não é o toque de gênio, do qual algumas pessoas supostamente são dotadas, que promove o sucesso. Não é a sorte, a influência ou a riqueza.

A coisa palpável sobre a qual quase todas as grandes fortunas foram construídas — aquilo que ajuda homens e mulheres a ascenderem à fama e a uma posição elevada no mundo — é facilmente descrita: trata-se simplesmente do hábito de concluir tudo o que iniciamos, tendo aprendido primeiro o que devemos ou não começar.

Faça um inventário de si mesmo, ao longo, digamos, dos dois últimos anos: e o que você descobriu? É bem provável, com uma probabilidade de cinquenta para um, que descubra que teve muitas ideias, deu início a muitos planos, mas concluiu poucos ou, até mesmo, nenhum deles.

Na série de lições sobre psicologia aplicada, você verá que uma delas explica a importância da concentração, seguida de informações simples e explícitas a respeito de exatamente como você deve se concentrar.

É proveitoso que você examine essa lição particular e a estude repetidamente. Analise-a com uma nova ideia em mente — o conceito de aprender como concluir tudo o que você empreender.

Você certamente já ouviu a afirmação, desde que tinha idade suficiente para se lembrar, de que "a procrastinação é a ladra do tempo", mas como parecia uma pregação, não prestou atenção a ela.

Esse axioma é verdadeiro!

O poder de simplesmente aderir a um plano

Você não terá sucesso em nenhum empreendimento, seja ele grande ou pequeno, importante ou não, se apenas pensar no que gostaria de realizar e depois se sentar e ficar esperando que a coisa se realize sem um esforço paciente e meticuloso.

Quase todos os negócios que se destacam acima da média de negócios semelhantes representam a concentração em uma ideia ou plano definido que foi muito pouco ou até mesmo nada alterado.

As redes de fast-food, por exemplo, são formadas com base em um plano definido por meio do princípio da concentração, com o plano em si sendo simples e facilmente aplicável a outras linhas de negócios.

O ramo dos automóveis nada mais é do que a concentração em um simples plano, ou seja, oferecer ao público um carro durável e resistente pelo menor preço possível, conferindo ao comprador a vantagem da produção em massa.

As grandes companhias de vendas por catálogo representam algumas das maiores empresas de comercialização no mundo, tendo sido construídas com base no simples plano de conferir ao comprador a vantagem da compra e venda em grandes quantidades, bem como a política de que os clientes ficariam satisfeitos ou receberiam o dinheiro de volta.

Outros exemplos de um grande sucesso de comercialização foram construídos com base no mesmo princípio: adotar um plano definido e em seguida aderir a ele até o fim.

No entanto, para cada grande sucesso que podemos apontar em decorrência deste princípio, encontramos milhares de fracassos ou quase fracassos onde nenhum plano desse tipo foi adotado.

As ideias incompletas não se desenvolvem

Recentemente, eu estava conversando com um homem inteligente e que é, de muitas maneiras, um empresário capaz, mas que não está tendo sucesso pelo simples motivo de que tem um excesso de ideias incompletas e segue a prática de descartar todas elas antes que tenham sido razoavelmente testadas.

Eu lhe ofereci uma sugestão que poderia ter sido valiosa, mas ele imediatamente retrucou: "Ah, pensei nessa ideia várias vezes, e comecei a testá-la uma vez, mas não funcionou."

Observe bem as palavras: "Comecei a testá-la uma vez, mas não funcionou." Ah, era aí que a fraqueza poderia ter sido descoberta. Ele "começou" a testá-la.

Leitores da Regra de Ouro, prestem atenção a essas palavras: não é a pessoa que meramente "começa" uma coisa que é bem-sucedida, mas sim aquela que a começa e termina apesar das piores dificuldades!

Qualquer pessoa pode iniciar uma tarefa, mas somente o suposto gênio é capaz de reunir coragem, autoconfiança e meticulosa paciência para terminá-la.

Mas isso não requer nenhum "gênio", porque não envolve nada além de persistência e bom senso. A pessoa reconhecida como gênio geralmente é, como Edison nos disse com muita frequência; ela é apenas alguém que trabalha arduamente, encontra um plano proveitoso e depois se atém a ele.

O sucesso raramente, talvez nunca, chega de uma vez ou apressadamente. A realização compensadora em geral representa um serviço longo e paciente.

Pense no resistente carvalho. Ele não cresce em um, dois ou mesmo três anos. São necessários vinte anos ou mais para produzir um carvalho de tamanho mediano. Algumas árvores ficam muito grandes em poucos anos, mas a madeira delas é macia e porosa, e sua vida é curta.

A pessoa que decide ser um chef em um determinado ano, muda de ideia no ano seguinte e se dedica à área financeira e, no próximo, se envolve com o ramo de seguros de vida, está mais propensa a ser um fracasso nos três setores, ao passo que se aderisse a um deles durante três anos poderia ter produzido um sucesso bastante razoável.

Por que conheço tão bem esse erro

Conheço bem o que estou escrevendo porque cometi esse erro durante quase 15 anos. Sinto que tenho perfeitamente o direito de adverti-lo de um obstáculo que poderá dificultar o seu caminho porque sofri muitas derrotas por causa dele e, portanto, aprendi a reconhecê-lo em você.

O dia 1º de janeiro — o dia das resoluções — está se aproximando. Reserve esse dia para duas finalidades e é bem provável que você tenha proveito por ter lido este artigo.

Primeira: Adote um propósito principal para si mesmo para o próximo ano e, de preferência, para os próximos cinco anos, e registre por escrito esse propósito, palavra por palavra.

Segunda: Decida que a primeira diretiva no programa desse propósito principal seja algo assim: "No decorrer do próximo ano, determinarei, o mais rigorosamente possível, as tarefas que irei executar do começo ao fim para ser bem-sucedido, e nada que aconteça me fará desviar do meu empenho em terminar todas as tarefas que eu começar."

Quase todas as pessoas têm inteligência suficiente para criar ideias, mas o problema da maioria delas é que essas ideias nunca se expressam em ação. A melhor locomotiva do mundo não vale um centavo, e tampouco arrastará um quilo de peso, enquanto a energia armazenada no domo do vapor não for liberada na válvula reguladora.

Você tem energia na sua cabeça — todo ser humano tem —, mas não a está liberando na válvula reguladora da ação! Não a está aplicando por meio do princípio da concentração nas tarefas, as quais, se concluídas, o colocariam na lista daqueles que são considerados bem-sucedidos.

Até onde sou capaz de determinar, a principal objeção ao álcool é o fato indiscutível de que ele tem a clara tendência de tornar a mente hu-

Por que algumas pessoas são bem-sucedidas: um segredo

mana confusa e inativa. Isso é suficiente para condená-lo, porque qualquer coisa que retarde a ação de uma pessoa, ou a liberação da capacidade por meio do hábito de concentrar a mente em uma tarefa até que ela esteja terminada, é prejudicial para o bem-estar dela.

As pessoas geralmente vão liberar o fluxo de ação que foi armazenado na cabeça delas relacionado com uma tarefa que gostem de executar. Esse é o motivo pelo qual as pessoas deveriam se dedicar ao trabalho que mais apreciam.

Existe uma maneira de convencer essa sua mente maravilhosa a ceder a energia dela e derramá-la na ação por meio da concentração em algum trabalho útil. Continue a procurar até encontrar a melhor maneira possível de liberar essa energia. Descubra a atividade por meio da qual você possa libertar de bom grado essa energia, o mais rápido possível, e você estará se aproximando bastante do trabalho no qual deverá encontrar o sucesso.

O gênio não é o que pensamos

Tive o privilégio de entrevistar muitas pessoas supostamente notáveis — pessoas que foram consideradas "gênios" — e, como um incentivo para você, devo dizer francamente que não encontrei nelas nada que você, eu e todas as outras pessoas "comuns" não possuam. Elas são exatamente como nós, não são mais inteligentes — às vezes são até menos —, mas o que elas tinham que você e eu também temos, mas nem sempre usamos, era a capacidade de liberar a ação que estava armazenada na cabeça delas e mantê-la concentrada em uma tarefa, grande ou pequena, até que fosse concluída.

Não espere se tornar um perito em concentração da primeira vez que tentar. Aprenda primeiro a se concentrar nas pequenas coisas que você faz — apontar um lápis, fazer um embrulho, digitar uma mensagem e assim por diante.

A maneira de alcançar a perfeição nessa maravilhosa arte de terminar tudo o que se começa é formar o hábito de fazer isso com relação a todas as tarefas que executar, por mais insignificante que ela seja. Quando você menos esperar, ele terá se tornado um hábito regular e você o estará praticando automaticamente, sem esforço.

Que importância isso terá para você?

Que pergunta inútil e boba, mas preste atenção à minha resposta: significará a diferença entre o fracasso e o sucesso!

CAPÍTULO CINCO

Os sete momentos decisivos da minha vida

Esta é uma narrativa da minha experiência, que abrange um período de mais de vinte anos. Ela mostra o quanto é necessário pensar a longo prazo a fim de chegar às verdades fundamentais da vida e interpretar a operação silenciosa da mão invisível que guia o nosso destino. A importância deste relato não reside em um único acontecimento, e sim na interpretação de todos os acontecimentos e do relacionamento deles uns com os outros.

PRELÚDIO

Existe uma lenda, tão antiga quanto a raça humana, que nos diz que poderemos encontrar um pote de ouro no fim do arco-íris.

Essa lenda, que capta a imaginação, talvez tenha algo a ver com a tendência atual da raça humana de se dedicar ao culto de Mamom.

Durante quase 15 anos, procurei o fim do arco-íris para resgatar o pote de ouro. O meu esforço na busca do esquivo fim do arco-íris era incessante. Ele me fez subir as encostas do fracasso e descer as vertentes do desespero, seduzindo-me repetidamente na busca do ilusório pote de ouro.

Ponha de lado as suas preocupações e me acompanhe enquanto faço uma descrição do caminho tortuoso que segui. Vou lhe mostrar os sete importantes momentos decisivos da minha vida. Talvez eu possa ajudá-lo a encurtar a distância até o fim do seu arco-íris. Por ora, vou restringir a minha narrativa aos simples detalhes do que vivenciei na minha busca, enquanto ela me colocava, repetidamente, quase ao alcance da meta cobiçada e, em seguida, a arrebatava de mim.

À medida que você retraçar comigo os meus passos, verá sulcos de experiência que foram cavados com espinhos e regados com lágrimas; percorrerá comigo o "Vale das sombras"; escalará o topo das montanhas de expectativa e se encontrará, de repente, despencando em direção ao abismo do desânimo e do fracasso; caminhará por campos verdejantes e rastejará em desertos arenosos.

Finalmente, chegaremos ao fim do arco-íris!

Prepare-se para um choque, porque você verá não apenas o pote de ouro que as lendas do passado profetizavam, mas encontrará também outra coisa que deve ser mais cobiçada do que todo o ouro do mundo. Descobrir o que é será a sua recompensa por me acompanhar nesta descrição.

Certa manhã, acordei abruptamente, como se alguém tivesse me sacudido. Olhei em volta e não encontrei ninguém no quarto. Eram três horas da manhã. Em uma fração de minuto vi uma imagem clara e concisa que condensou os setes momentos decisivos da minha vida, exatamente como os descrevo aqui. Senti um veemente desejo — foi muito mais do que um desejo, foi um comando — de reduzir a imagem a palavras e usá-la como uma palestra pública.

Até esse momento, eu havia falhado completamente na interpretação de muitas das minhas experiências na vida, algumas das quais tinham deixado cicatrizes de desapontamento no meu coração e um toque de amargura que de algum modo deturpava e modificava o meu empenho em servir construtivamente as pessoas.

Peço permissão para me abster de expressar os meus verdadeiros sentimentos no momento em que o último toque persistente de intolerância foi eliminado do meu coração, e vi, pela primeira vez na vida, a verdadeira importância daquelas difíceis experiências, daquelas dores de cabeça, daqueles desapontamentos e sofrimentos que nos acometem de vez em quando. Peço o seu perdão por omitir a descrição dos meus *verdadeiros* sentimentos nessa ocasião, não apenas por causa da qualidade sagrada da experiência, mas por causa da ausência de palavras que possibilitem que eu interprete corretamente esses sentimentos.

Com essa base, você pode me acompanhar ao início do primeiro momento decisivo da minha vida, que aconteceu há mais de vinte anos, quando eu era um rapaz sem-teto, sem instrução e desprovido de um propósito na vida. Eu estava flutuando desprotegido no oceano da vida, como uma folha seca vagaria nos braços do vento. Lembro-me muito bem de que a ambição de ser mais do que um operário nas minas de carvão jamais passara pela minha cabeça. A mão do destino parecia estar contra mim. Eu só acreditava em Deus e em mim, e confesso que, às vezes, me perguntava se Deus não estaria passando a perna em mim!

Eu era pessimista e repleto de ceticismo e dúvidas. Não acreditava em nada que não fosse capaz de compreender. Dois mais dois só davam quatro para mim quando eu punha os números no papel e fazia eu mesmo a soma.

Admito livremente que tudo isso é um início prosaico e monótono para esta narrativa, fato pelo qual não sou de jeito nenhum responsável, já que estou simplesmente registrando o que ocorreu. E não sei se seria apropriado divagar apenas por um momento enquanto lembro a você que quase todas as experiências do início da vida são monótonas, áridas e prosaicas. Esse ponto me parece tão fundamental que me sinto impelido a chamar atenção sobre ele antes de dar seguimento à minha narrativa, para que ele possa se tornar um fator esclarecedor capaz de ajudá-lo a interpretar as experiências da sua vida à luz do verdadeiro significado de cada evento, por mais insignificante que ele possa ter parecido na época.

Estou convencido de que, com excessiva frequência, esperamos que os acontecimentos importantes da vida ocorram de uma maneira dramática, impressionante e ostentosa, ao passo que, na realidade, surgem e desaparecem despercebidos a não ser pela alegria e dor que ocasionam, e perdemos de vista as verdadeiras lições que eles ensinam enquanto fixamos a atenção nessa alegria ou tristeza.

O acontecimento sobre o qual escrevo agora ocorreu há aproximadamente vinte anos.

O PRIMEIRO MOMENTO DECISIVO DA MINHA VIDA

Discuto em outro lugar o meu primeiro momento decisivo, que está relacionado com um comentário espontâneo que me foi feito por um operário mais velho, que ressaltou que eu era um rapaz inteligente e que se continuasse a estudar, seria bem-sucedido.

O primeiro resultado concreto desse comentário foi que ele me incentivou a me matricular em um curso de uma escola de negócios, um passo que, devo admitir, se revelou um dos mais proveitosos que já dei, porque, durante o meu aprendizado na escola, tive o primeiro vislumbre do que poderia ser chamado de noção satisfatória das proporções. Lá, aprendi o espírito da simples democracia e, o mais importante de tudo, adquiri a ideia de que seria proveitoso para mim executar mais e prestar um serviço melhor do que aquele que eu era efetivamente pago para executar. Essa ideia se tornou um princípio fixo para mim, e hoje ela modifica todas as ações que pratico para prestar um serviço.

Na Escola de Negócios, entrei em contato com rapazes e moças que, assim como eu, estavam estudando naquele estabelecimento com um único objetivo, o de aprender a prestar um serviço eficiente e ganhar a vida. Conheci judeus e não judeus, católicos e protestantes, todos nas mesmas condições, e pude ver, pela primeira vez, que todos eram humanos e respondiam ao simples espírito da democracia que prevalecia no ambiente da escola de negócios.

Após terminar o meu treinamento na escola, obtive um cargo como estenógrafo e escriturário, permanecendo nessa função nos cinco anos seguintes. Em decorrência da ideia de que eu deveria trabalhar mais e executar um serviço melhor do que aquele para o qual fora contratado, que me ocorrera na escola de negócios, progredi rapidamente e sempre consegui ocupar posições de responsabilidade bem à frente do que seria de se esperar na minha idade, com um salário correspondente.

Economizei dinheiro e logo me vi titular de uma conta bancária com um saldo de milhares de dólares. Eu estava avançando rapidamente em direção ao fim do meu arco-íris. O meu objetivo era ser bem-sucedido,

Os sete momentos decisivos da minha vida

e a minha ideia de sucesso era a mesma que domina a mente do jovem típico de hoje — em outras palavras, o dinheiro! A minha conta bancária crescia cada vez mais. Eu me vi subindo de cargo e ganhando um salário cada vez maior. O meu método de prestar um serviço maior em qualidade e quantidade do que aquele para o qual eu fora contratado era tão incomum que chamou atenção, e lucrei mais do que aqueles que desconheciam esse segredo.

A minha reputação se espalhou rápido e pessoas começaram a disputar os meus serviços. Eu era muito procurado, não por causa do que eu sabia, que não era muito, mas devido à minha disposição de usar da melhor maneira possível o meu pouco conhecimento. Esse espírito de cooperação se revelou o princípio mais poderoso e estratégico que jamais aprendi.

O SEGUNDO MOMENTO DECISIVO

A maré da sorte me levou para o sul e me tornei gerente de vendas de uma grande madeireira. Eu não sabia nada a respeito de madeira nem de gerenciamento de vendas, mas aprendera a trabalhar mais e prestar um melhor serviço do que aquele para o qual eu fora contratado, e tendo esse princípio como o espírito dominante, ataquei o meu novo emprego com a determinação de descobrir tudo o que pudesse a respeito da venda de madeira.

Tive um bom desempenho. O meu salário aumentou duas vezes no decorrer do ano e a minha conta bancária continuou a ficar cada vez mais polpuda. Eu me dei tão bem no gerenciamento de vendas de madeira do meu empregador que este organizou uma nova madeireira, tornando-me seu sócio com uma participação de 50% na sociedade.

O negócio da madeira estava indo bem e nós prosperamos.

Pude ver me chegando cada vez mais perto do fim do arco-íris. O dinheiro e o sucesso se derramavam sobre mim a partir de todas as direções, todas as quais fixavam com firmeza a minha atenção no pote de ouro que eu conseguia avistar claramente diante de mim. Até esse momento, nunca me ocorrera que o sucesso poderia consistir em alguma coisa que não fosse ouro! O dinheiro no banco representava a última palavra em realização. Por ser do tipo animado e jovial, fiz logo amigos nos círculos madeireiros e me tornei ativo nas convenções do setor e nas reuniões dos madeireiros.

Eu estava vencendo rapidamente e sabia disso!

Acima de tudo, eu sabia que estava envolvido exatamente com o negócio que mais me convinha. Nada poderia ter me induzido a mudar de área. Quero dizer, nada a não ser o que aconteceu.

A mão invisível deixou que eu me pavoneasse sob a influência da vaidade até que eu começasse a sentir a minha importância. À luz de anos mais sóbrios e de uma interpretação mais exata dos acontecimentos humanos, hoje me pergunto se a mão invisível não permite deliberadamente que nós, tolos seres humanos, desfilemos diante do nosso espelho da vaidade até que enxerguemos a maneira vulgar como estamos agindo e a abandonemos. De qualquer modo, eu parecia ter um claro caminho à frente. Havia carvão na fornalha e água no tanque. A minha mão estava na válvula reguladora, e a abri completamente.

O destino me aguardava logo depois da curva com um taco revestido, e o revestimento não era de algodão, mas é claro que só vi o golpe iminente quando ele de fato aconteceu. A minha história é triste, mas não é diferente da de muitas outras pessoas caso fossem sinceras consigo mesmas.

Como um relâmpago em um céu claro, o pânico financeiro de 1907 tombou sobre mim. Ele arrebatou, da noite para o dia, cada dólar que eu tinha. O meu sócio no negócio se retirou, apavorado, mas sem sofrer nenhuma perda, deixando-me apenas com a prateleira vazia de uma empresa que nada possuía além de uma boa reputação. Eu poderia ter comprado cem mil dólares de madeira devido a essa reputação. Um advogado corrupto (que posteriormente cumpriu pena no presídio por causa de outro delito, cujos detalhes são por demais numerosos para serem relatados) percebeu a chance de faturar em cima da reputação e do que restara da madeireira que fora deixada nas minhas mãos. Ele e um grupo de homens compraram a empresa e continuaram a operá-la.

Um ano depois, soube que eles compraram toda a madeira que conseguiram, a revenderam e embolsaram o dinheiro apurado sem ter pago pela madeira; desse modo, eu fora o instrumento inocente que os ajudara a fraudar os seus credores, que descobriram tarde demais que eu não tinha mais nenhuma relação com a empresa.

Esse fracasso, embora tenha sido adverso para aqueles que sofreram a perda em resultado do uso inadequado da minha reputação, se revelou o segundo momento decisivo importante na minha vida, porque me obrigou a abandonar um negócio no qual a única possibilidade de remuneração era o dinheiro, não oferecendo nenhuma oportunidade para o crescimento pessoal a partir "de dentro".

Lutei com todas as forças para tentar salvar a minha empresa durante o pânico, mas me vi tão impotente quanto uma criança de peito, e o turbilhão me carregou para fora do negócio da madeira e me conduziu à faculdade de direito, onde consegui remover um pouco mais da minha ignorância, vaidade e estupidez, um trio contra o qual nenhum homem é capaz de competir com êxito.

O TERCEIRO MOMENTO DECISIVO

Foi necessário o pânico de 1907 e o fracasso que ele me causou para que eu desviasse o meu empenho do ramo madeireiro e o redirecionasse para o estudo do direito. Nada no mundo a não ser o fracasso — ou o que na ocasião eu chamava de fracasso — poderia ter acarretado esse resultado. Assim sendo, o segundo momento decisivo importante da minha vida foi introduzido nas asas do fracasso, o que me faz lembrar que devo mencionar que cada fracasso encerra uma grande lição, quer ou não tomemos conhecimento de qual ela é.

Ingressei na escola de direito com a firme convicção de que sairia de lá duplamente preparado para alcançar o fim do arco-íris e reclamar o meu pote de ouro. A minha aspiração máxima ainda era acumular dinheiro, mas o que eu mais venerava parecia ser a mais arredia de todas, porque estava sempre se esquivando de mim — permanentemente à vista, mas sempre um pouquinho fora de alcance.

Frequentei a faculdade de direito à noite e trabalhei como vendedor de automóveis durante o dia. A minha experiência na madeireira representou uma grande vantagem. Prosperei rapidamente, me saindo tão bem (e ainda praticando o hábito de trabalhar mais e prestar um serviço melhor do que aquele para o qual eu havia sido contratado) que tive a oportunidade de ingressar no ramo da indústria automobilística. Percebi a necessidade da mecânica de automóveis, de modo que abri um departamento educacional e comecei a treinar mecânicos comuns na montagem de automóveis e trabalho de manutenção. A escola prosperou muito e passou a me render um bom lucro mensal.

Novamente avistei o fim do meu arco-íris. Uma vez mais eu soube que tinha, enfim, encontrado o meu nicho no mundo profissional. De novo fiquei certo de que nada conseguiria me afastar do meu rumo ou fazer com que eu desviasse a atenção do ramo de automóveis. O meu banqueiro notou que eu estava prosperando e me ofereceu crédito para que eu me expandisse. Ele me incentivou a investir em outras linhas de negócio. O meu banqueiro era uma excelente pessoa, pelo menos é o que parecia ser para mim. Ele me emprestou milhares de dólares baseado apenas na minha assinatura, sem nenhum aval.

Mas infelizmente aconteceu o que seria de se esperar! O doce geralmente precede o amargo. O meu banqueiro me emprestou dinheiro até que fiquei irremediavelmente endividado e então assumiu o controle da minha empresa. Tudo aconteceu tão depressa que me deixou atordoado. Eu não achava que algo assim fosse possível. Mas, veja, eu ainda tinha muito a aprender sobre os costumes dos homens, especialmente do tipo que, infelizmente, meu banqueiro acabou se revelando ser — um tipo que devo mencionar, para ser justo com o setor bancário, raramente é encontrado nesse setor.

Deixei de ser um homem de negócios com uma enorme renda líquida, dono de meia dúzia de automóveis caros e muitas coisas inúteis de que eu não precisava, mas não sabia, e me vi repentinamente reduzido à pobreza.

O fim do arco-íris desapareceu e somente muitos anos depois aprendi que esse fracasso provavelmente foi a maior bênção que jamais se derramou sobre mim, porque me obrigou a abandonar um negócio que não promovia de jeito nenhum o desenvolvimento do lado humano e redirecionou as minhas atividades para um canal que me proporcionou uma experiência esplêndida e muito necessária.

Acredito que seja digno de nota registrar aqui que, alguns anos depois desse evento, voltei a Washington, D.C., e, por curiosidade, visitei o antigo banco onde um dia eu tivera uma linha de crédito liberal, esperando, é claro, encontrar um estabelecimento próspero ainda em funcionamento.

No entanto, fiquei consternado ao descobrir que o banco encerrara as atividades, o local estava sendo usado como refeitório para trabalhadores e o meu antigo amigo banqueiro havia sido reduzido à penúria e à escassez. Eu o encontrei na rua, praticamente sem dinheiro. Com os olhos vermelhos e inchados, ele despertou em mim uma atitude de questionamento e me perguntei, pela primeira vez na vida, se seria possível alguém encontrar outra coisa de valor, além do dinheiro, no fim do arco-íris.

Veja bem, essa atitude temporária de questionamento não foi uma rebelião aberta e tampouco a persegui o suficiente para obter a resposta. Ela surgiu apenas como um pensamento efêmero e desapareceu da minha cabeça. Se eu soubesse interpretar as atitudes humanas naquela época como sei hoje, teria reconhecido essa circunstância como uma cutucada que a mão invisível estava me dando. Se eu tivesse algum conhecimento da lei da compensação, não teria ficado surpreso quando encontrei o meu banqueiro reduzido à pobreza, sabendo, como soube depois que já era tarde demais, que a minha experiência nada mais tinha sido do que uma entre centenas de outras semelhantes que caracterizaram o seu código de ética empresarial.

Nunca me empenhei tanto em uma batalha na vida como quando tentei permanecer no ramo de automóveis. Pedi emprestada uma quantia considerável a minha mulher e a investi no vão esforço de continuar no negócio ao qual eu melhor me ajustava. No entanto, forças sobre as quais eu não tinha nenhum controle, e que não compreendia na ocasião, não apoiaram as minhas tentativas de permanecer no ramo de automóveis. Finalmente cedi, a um grande custo para meu orgulho, e por não saber o que mais poderia fazer decidi usar o conhecimento de direito que eu adquirira.

O QUARTO MOMENTO DECISIVO

A família da minha esposa tinha influência, de modo que consegui ser nomeado assistente do diretor do departamento jurídico de uma das maiores corporações do seu tipo no mundo. O meu salário era extremamente desproporcional ao que a empresa geralmente pagava aos iniciantes e ainda mais desproporcional ao que eu valia, mas influência era influência, e eu estava lá porque estava. Acontece que o que me faltava em aptidão jurídica forneci por meio daquele sólido princípio fundamental que eu aprendera na Escola de Negócios, ou seja, trabalhar mais e prestar um serviço melhor do que aquele para o qual eu fora contratado, sempre que possível.

Eu estava exercendo a minha função sem dificuldade. Se permanecesse no emprego, estaria praticamente garantido pelo resto da vida. Certo dia, fiz o que os meus parentes e amigos mais chegados disseram que tinha sido uma coisa muito tola. Pedi, de repente, demissão do emprego. Quando me pressionaram para que eu desse um motivo, apresentei na época o que me pareceu uma razão muito lógica, mas tive problemas para convencer o círculo familiar de que eu agira com bom senso e mais dificuldade ainda para persuadir alguns dos meus amigos que a minha mente estava perfeitamente racional.

Deixei o emprego porque achava o trabalho fácil demais e o estava executando praticamente sem esforço. Eu me vi resvalando no hábito da inércia. Senti que estava gostando de levar as coisas de uma maneira relaxada e sabia que o próximo passo seria o retrocesso. Nenhum impulso motivador me obrigava ou induzia a permanecer em movimento. Eu

Os sete momentos decisivos da minha vida

estava entre amigos e parentes. Tinha um emprego que poderia manter pelo tempo que desejasse, com um salário que me proporcionava uma casa, um bom carro e gasolina suficiente para fazê-lo rodar.

O que mais eu precisava? Essa era a atitude em direção à qual senti estar escorregando, atitude essa que me assustava. Por mais ignorante que eu pudesse ser em outras questões naquela época, sempre me senti grato por ter senso suficiente para compreender que a força e o crescimento só se originam do esforço e que o desuso causa atrofia e deterioração.

Essa mudança se revelou como o momento decisivo seguinte mais importante na minha vida, embora ele fosse seguido por dez anos de esforço que causaram quase todos os dissabores que o coração humano poderia vivenciar. Deixei o meu emprego na área jurídica, no qual eu estava me saindo bem, vivendo entre parentes e amigos, tendo, o que eles acreditavam, um futuro brilhante e excepcionalmente promissor diante de mim. Sou sincero o suficiente para admitir que o motivo e a maneira como reuni coragem para dar o passo que dei sempre foram para mim motivo de assombro. Até onde sou capaz de interpretar corretamente, cheguei a essa decisão mais em função de um "palpite" ou um impulso que eu pouco compreendia, do que com base em uma dedução lógica.

Decidi ir para Chicago porque acreditava que essa cidade constituía o campo mais competitivo do mundo, sentindo que, se eu pudesse obter reconhecimento em qualquer atividade legítima em Chicago, provaria para mim mesmo que era possuidor de um conteúdo que poderia um dia se expandir em uma verdadeira habilidade. Esse era um estranho processo de raciocínio; pelo menos era um processo incomum para mim na ocasião, o que me lembra que devo admitir que nós, seres humanos, não raro assumimos um mérito pela inteligência que não merecemos. Receio que, com excessiva frequência, assumimos o mérito pela sabedoria e pelos resultados de causas sobre os quais não temos absolutamente o menor controle e pelos quais não somos de modo algum responsáveis.

Esse é um pensamento que se estende como um cordão de ouro ao longo de toda a minha análise dos sete momentos decisivos mais importantes da minha vida. Embora eu não tenha em mente dar a impressão de que todos os nossos atos são governados por causas além do nosso controle, preconizo fortemente a sabedoria de estudar e interpretar corretamente os momentos decisivos na nossa vida — os momentos nos quais as nossas tentativas são desviadas de uma direção para outra, apesar de todos os nossos esforços em contrário. Não ofereço nenhuma teoria ou hipótese para a abordagem dessa estranha anomalia, acreditando que você encontrará a sua resposta por meio do poder interpretativo do seu espírito.

Cheguei a Chicago sem ao menos uma carta de recomendação. O meu objetivo era me promover com base no mérito ou, pelo menos, no que eu presumia que fosse o mérito. Consegui um cargo de gerente de publicidade. Eu não sabia praticamente nada a respeito de publicidade, mas a minha experiência anterior como vendedor me ajudou, e o meu velho amigo — o hábito de executar mais trabalho do que aquele para o qual eu fora contratado — fez com que eu tivesse um desempenho positivo.

Ganhei muito mais do que esperava no primeiro ano!

Eu estava "ressurgindo" a passos largos. Pouco a pouco, o arco-íris começou a me rodear e avistei, uma vez mais, o pote de ouro reluzente quase ao meu alcance. Creio que seja muito importante que você tenha em mente que o meu padrão de sucesso era sempre medido em função de dólares, e o fim do meu arco-íris não prometia nada além de um pote de ouro. Até esse ponto, se a ideia de que alguma coisa afora um pote de ouro poderia ser encontrada no fim do arco-íris passava pela minha cabeça, essa ideia era momentânea e deixava apenas uma leve impressão.

Ao longo dos tempos, a história está repleta de evidências de que um banquete geralmente antecede uma queda, ou que a soberba precede a ruína. Eu estava tendo o meu banquete, mas não esperava que ele fosse seguido de uma queda. Desconfio de que ninguém jamais antevê a queda antes que ela chegue, mas ela certamente chegará, a não ser que os princípios orientadores fundamentais da pessoa sejam sólidos.

Os sete momentos decisivos da minha vida

O QUINTO MOMENTO DECISIVO

Tive um bom desempenho como gerente de publicidade. O presidente da companhia foi atraído pelo meu trabalho e mais tarde ajudou a organizar a famosa Betsy Ross Candy Company com lojas em todo o país. Tornei-me presidente dessa empresa, dando início assim ao quinto momento decisivo mais importante da minha vida.

A empresa começou a se expandir até que tivemos uma rede de lojas em 18 cidades diferentes. Uma vez mais avistei o fim do meu arco-íris quase ao meu alcance. Eu sabia que, por fim, tinha encontrado o negócio no qual queria permanecer pelo resto da vida. No entanto, quando sinceramente admito que a nossa política e o nosso negócio eram moldados no de outra empresa de doces e chocolates — cujo gerente da região oeste era meu amigo pessoal e ex-parceiro comercial, e que o seu imenso sucesso fora o principal fator que me levara a entrar no negócio de doces e chocolates —, você será capaz de antever o fim do nosso empreendimento nessa área antes que eu o mencione.

Peço perdão por divagar por um instante enquanto filosofo a respeito de um ponto que ocasionou uma merecida derrota a milhões de pessoas, ou seja, a prática de se apropriar do plano de outra pessoa, em vez de desenvolver um plano criado por elas mesmas.

O público nunca é solidário com uma pessoa que está inegavelmente copiando o plano de outra, embora, de acordo com a lei, essa prática não seja proibida.

Tampouco o ressentimento do público é o fator mais nocivo com o qual alguém que comete esse erro precisa lidar; a prática parece reduzir o entusiasmo que a pessoa geralmente dedica a um plano que tenha sido concebido no seu coração e amadurecido no seu cérebro.

Tudo correu harmoniosamente durante algum tempo, até que o meu sócio na empresa e um terceiro homem, que trouxemos mais tarde para o negócio, tiveram a ideia de obter o controle da minha participação sem pagar por ela — um erro que os homens só parecem entender que estão cometendo quando já é tarde demais e depois de terem pago o preço da sua estupidez.

O plano deles funcionou, mas resisti mais duramente do que tinham previsto. Por conseguinte, para me instigar delicadamente em direção à "grandiosa retirada", eles me fizeram ir preso devido a uma falsa acusação e se ofereceram para resolver as coisas fora do tribunal desde que eu entregasse a minha participação na empresa. Eu me recusei a fazer isso e insisti para que a acusação fosse levada ao tribunal. Na ocasião da audiência, ninguém estava presente para me processar. Insistimos que a acusação tivesse seguimento e pedimos ao tribunal que convocasse a testemunha queixosa e a obrigasse a me processar, o que foi feito.

O juiz interrompeu os trabalhos e retirou o caso do tribunal antes que ele avançasse muito, com a declaração de que "Este é um dos casos mais flagrantes de tentativa de coerção com que jamais me deparei".

Para proteger a minha reputação, entrei com uma ação de reparação de danos. O caso foi julgado cinco anos depois e consegui uma sentença pesada na suprema corte de Chicago. Foi uma ação de responsabilidade civil por ato ilícito, o que quer dizer que ela reivindicava uma reparação de danos causados por uma ofensa dolosa à reputação. Uma condenação desse tipo carrega em si o direito de aprisionar a pessoa contra quem a sentença é proferida até que o pagamento seja efetuado.

No entanto, desconfio de que outra lei muito mais severa do que aquela que regulamenta as ações de responsabilidade civil estava em ação ao longo desses cinco anos, porque uma das partes — em cujo cérebro foi tramado o plano de me fazer ir preso — estava cumprindo pena na penitenciária federal por outro crime independente antes que a minha ação contra ela fosse julgada. A outra parte despencara de uma posição elevada na vida para a pobreza e a desgraça.

O resultado da minha ação permanece nos registros da suprema corte de Chicago como uma prova silenciosa da isenção do meu caráter e também como evidência de algo ainda mais importante. A evidência de que a mão invisível que guia o destino dos buscadores da verdade havia eliminado da minha natureza todo o desejo de receber o meu dinheiro a qualquer custo. A quantia que me foi designada em juízo nunca foi recolhida e nunca será. Pelo menos eu jamais a recolherei, porque desconfio

Os sete momentos decisivos da minha vida

de que ela já foi paga muitas vezes multiplicada. Foi paga em forma de sangue e remorso, o arrependimento e o fracasso castigaram aqueles que queriam destruir a minha reputação visando uma vantagem pessoal.

Esse incidente foi uma das maiores bênçãos que já recebi, porque me ensinou a perdoar; também me ensinou que a lei da compensação está sempre em ação em toda parte, e que "O homem colhe aquilo que semeia". Ele apagou da minha natureza o último pensamento remanescente de buscar a vingança pessoal em qualquer momento e em quaisquer circunstâncias. Esse acontecimento me mostrou que o tempo é amigo de todos que estão certos e inimigo mortal de todos os que são injustos e destrutivos. E me levou para mais perto de compreender o Senhor quando este disse: "Perdoa-os, Pai, porque eles não sabem o que fazem."

Uma coisa estranha acaba de acontecer!

Há poucos instantes peguei meu relógio; ele escorregou das minhas mãos e se espatifou no chão. Recolhi os pedaços inúteis do que apenas momentos atrás fora um esplêndido relógio e, enquanto o virava e examinava, lembrei-me de que nada "simplesmente acontece"; que o meu relógio foi criado por um superior, para executar um trabalho definido, conforme um plano definido. E é muito mais certo que nós, seres humanos, fomos criados por um superior, conforme um plano definido, para executar um trabalho definido.

Somos abençoados quando compreendemos o fato de que provavelmente não fomos concebidos como fatores destrutivos e que tudo o que acumulamos sob o aspecto de riqueza material se tornará no fim tão inútil quanto o pó ao qual a nossa carne e os nossos ossos retornarão.

Às vezes me pergunto se uma total compreensão dessa verdade não chega mais facilmente para a pessoa contra quem pecaram, em quem cuspiram, e que foi difamada e crucificada na cruz da ignorância. Às vezes me pergunto se não seria bom que todos passássemos pelas experiências que testam a nossa fé, exaurem a nossa paciência e fazem com que percamos o controle e revidemos, porque é dessa maneira que aprendemos a futilidade do ódio, da inveja, do egoísmo e da tendência de destruir ou diminuir a felicidade de outra pessoa.

Podemos aguçar o nosso intelecto por intermédio das experiências dos outros, mas as nossas emoções só são fortalecidas e desenvolvidas por meio das experiências pessoais. Por conseguinte, podemos nos beneficiar de todas as experiências que influenciam as nossas emoções, quer essas experiências nos causem alegria ou pesar. Uma pesquisa atenta da biografia de pessoas destinadas à grandeza revela o fato de que quase todas elas foram penosamente testadas em impiedosas experiências antes de chegar ao topo, o que me leva a especular se a mão invisível não testa o nosso caráter de várias maneiras antes de colocar sérias responsabilidades nos nossos ombros.

O meu espaço é excessivamente limitado para me permitir filosofar mais nesse ponto, mas recomendo que você reflita seriamente sobre a ideia suscitada para que possa tirar suas próprias conclusões.

Antes de mencionar o próximo momento decisivo da minha vida, quero chamar a sua atenção para dois fatos interessantes, ou seja, que cada momento decisivo me levou cada vez para mais perto do fim do meu arco-íris, e que cada um deles me trouxe algum conhecimento proveitoso que mais tarde veio a se tornar uma parte permanente da minha filosofia de vida. Adicionalmente, aqueles que tentaram me destruir se depararam com a mesma sorte que tentaram me infligir.

O SEXTO MOMENTO DECISIVO

Chegamos agora ao momento decisivo que provavelmente me levou para mais perto do fim do arco-íris do que qualquer um dos outros até então, porque ele me colocou em uma posição na qual considerei necessário utilizar todo o conhecimento que eu adquirira até essa ocasião concernente a todos os assuntos que me eram familiares. Ele me deu a oportunidade da autoexpressão e do desenvolvimento pessoal, o que raramente ocorre cedo na vida de um homem.

Esse momento decisivo ocorreu quando, depois de ter sido obrigado a me retirar do negócio de doces e chocolates, eu me voltei para o ensino da publicidade e da arte de vender.

Um sábio filósofo disse que nunca aprendemos muita coisa enquanto não começamos a tentar ensinar os outros. A minha experiência como professor mostrou que isso é verdade. A minha escola prosperou desde o início. Eu tinha uma escola local e uma escola por correspondência por meio da qual dava aulas para alunos em quase todos os países de língua inglesa.

Apesar da devastação da guerra, minha escola estava crescendo com uma rapidez surpreendente, e vi o fim do meu arco-íris cada vez mais próximo. Eu estava tão perto dele que quase conseguia estender a mão e tocar o pote de ouro.

Em decorrência da reputação e do reconhecimento que eu estava adquirindo, chamei a atenção do dirigente de uma corporação que me contratou três semanas por mês com um salário consideravelmente maior do que o do presidente dos Estados Unidos.

Em menos de seis meses, em grande medida como resultado de uma série de golpes de sorte, construí uma das forças de trabalho mais eficientes dos Estados Unidos e aumentei o ativo da companhia a um ponto em que ela passou a lucrar bem mais do que quando assumi o controle das suas transações.

Com toda a franqueza, se você estivesse no meu lugar, não teria se sentido capaz de dizer que havia encontrado o fim do seu arco-íris? Não teria se sentido capaz de afirmar que tinha alcançado o sucesso?

Eu achava que tinha, mas um dos choques mais violentos que já me abalaram ainda estava por vir, em parte devido à desonestidade do dirigente da corporação para a qual eu estava trabalhando, porém, mais diretamente, segundo desconfio, devido a uma causa mais profunda e importante relacionada com o que o destino parecia ter decretado que eu deveria aprender.

Cem mil dólares do meu salário estavam condicionados à minha permanência na diretoria executiva da empresa pelo período de um ano. No entanto, em menos da metade desse tempo, comecei a perceber que eu estava expandindo o poder e colocando-o nas mãos de um homem que estava se deixando embriagar por ele. Comecei a ver que a ruína dele era iminente. Essa descoberta me causou um grande dissabor. Moralmente, eu era responsável por vários milhões de dólares de capital que eu induzira o povo americano a investir naquela corporação, embora, legalmente, não tivesse nenhuma responsabilidade.

Finalmente, eu trouxe o assunto à baila, apresentando um ultimato ao dirigente da corporação no qual exigia que ele protegesse os recursos financeiros da empresa entregando-os a uma junta de controle financeiro, caso contrário eu renunciaria ao meu cargo. Ele riu da sugestão, talvez porque pensasse que eu não quebraria o meu contrato, o que me faria perder uma grande quantia. Talvez eu não o tivesse feito, não fosse a responsabilidade moral que me senti obrigado a assumir no interesse de milhares de investidores. Entreguei o cargo e fiz com que a empresa fosse colocada nas mãos do depositário judicial, protegendo-a da má gestão de um jovem louco por dinheiro — uma pequena satisfação que fez com que eu fosse ridicularizado pelos meus amigos e que me custou uma enorme quantia.

Naquela ocasião, o fim do meu arco-íris pareceu vago e um tanto distante. Houve momentos em que me perguntei o que me levara a me fazer de idiota e jogar fora uma fortuna apenas para proteger pessoas que nem mesmo saberiam que eu fizera um sacrifício por elas.

Foi durante um desses momentos de reflexão que senti como se um sino tocasse na região do meu coração. Pelo menos o toque de um sino é o que mais se aproxima da sensação que tive. O toque desse sino veio acompanhado de uma mensagem clara, distinta e inconfundível. Ela insistiu em que eu me ativesse à minha decisão e fosse grato pelo fato de ter tido a coragem de apresentá-la como fiz. Lembre-se do que acabo de dizer a respeito desse sino, porque voltarei a tratar do assunto.

Depois desse momento memorável, senti o sino tocar muitas vezes. Vim a compreender o que isso significa. Respondo ao toque e a mensagem que se segue me guia na direção certa. Talvez você não tivesse chamado o tocar do sino de mensagem, mas não conheço outros termos que possam descrever essa experiência, que é a mais estranha da minha vida.

Nesse ponto, passei a vivenciar algo mais do que o tocar de um sino. Comecei a me perguntar se o fim do meu arco-íris não teria se esquivado de mim todos esses anos, fazendo-me subir uma vertente do fracasso e descer por outra, porque eu estava buscando a recompensa errada! Veja bem, nesse ponto, apenas me questionei — foi só o que fiz.

Isso me conduz ao sétimo e último momento decisivo importante da minha vida.

Antes de passar a descrever o último momento decisivo, sinto que é meu dever declarar que nada do que foi descrito até este ponto encerra, por si só, qualquer importância prática. Os seis momentos decisivos que descrevi, tomados isoladamente, não significaram absolutamente nada para mim, e não significarão nada para você se forem analisados separadamente. Mas, se considerados coletivamente, esses acontecimentos formam a base para o próximo e último momento decisivo; eles constituem a melhor forma de evidência de que nós, seres humanos, estamos constantemente passando por mudanças evolutivas em decorrência das diversas experiências com que nos deparamos, embora nenhuma experiência isolada pareça transmitir uma lição definida e aproveitável.

Sinto-me impelido a expandir detalhadamente o ponto que estou tentando elucidar, porque me encontro agora no momento da minha carreira no qual as pessoas despencam derrotadas ou ascendem a alturas de realização assombrosas, dependendo de como elas interpretam os acontecimentos passados e constroem planos baseados nas experiências anteriores. Se a minha história parasse onde estou neste momento, ela não poderia significar nada para você, mas há ainda outro capítulo mais importante a ser escrito que trata do sétimo e último momento decisivo da minha vida.

Até agora, apresentei apenas uma série de eventos mais ou menos desconexos, os quais, por si só, nada significam. Repito essa ideia porque desejo que você a compreenda. E enquanto você está pensando a respeito dela, quero lembrá-lo de que é preciso examinar retrospectivamente a vida de tempos em tempos com o objetivo de reunir todos os eventos mais ou menos insignificantes e interpretá-los à luz de tentar descobrir o que foi aprendido com eles.

Experiências, fracassos, decepções, erros e momentos decisivos na vida poderiam continuar ininterruptamente sem oferecer nenhum benefício, até que o anjo da morte chegue e reclame o que lhe é devido, a não ser que nos conscientizemos de que existem lições a serem aprendidas em cada um deles e a menos que comecemos a catalogar os resultados do que aprendemos com essas experiências para que possamos utilizá-las sem precisar repeti-las incessantemente.

O SÉTIMO MOMENTO DECISIVO

No meu clímax, vou catalogar a soma de tudo o que aprendi em cada um dos marcos importantes da minha vida, mas primeiro vou descrever o sétimo e último desses momentos decisivos. Para fazê-lo, preciso recuar um ano e ir para aquele dia memorável — 11 de novembro de 1918.

Foi o Dia do Armistício, como todo mundo sabe. Como a maioria das pessoas, fiquei tão embriagado de entusiasmo e alegria quanto qualquer homem ficaria com vinho. Eu estava praticamente sem um tostão furado, mas estava feliz por saber que o massacre tinha terminado e a razão estava prestes a estender mais uma vez sobre a terra as suas asas benéficas.

A guerra havia acabado com a minha escola, a qual teria gerado uma renda capaz de me sustentar, se os nossos rapazes não tivessem sido convocados para a guerra. Eu me vi tão distante do fim do meu arco-íris quanto naquele dia memorável, mais de vinte anos antes, quando me ergui na boca de uma mina de carvão onde trabalhava como operário e refleti sobre o que aquele amável senhor havia me dito na noite anterior.

Eu agora compreendia que um profundo abismo se interpunha entre mim e qualquer outra realização, a não ser a de operário das minas.

Mas eu era novamente feliz! Em seguida, aquela ideia errante entrou na minha consciência e, uma vez mais, me impeliu a perguntar aos meus botões se eu não teria estado buscando o tipo errado de recompensa no fim do arco-íris.

Eu me sentei para escrever sem ter em mente nada específico. Para meu assombro, as minhas mãos começaram a tocar uma sinfonia regular nas teclas. Eu nunca tinha escrito antes tão rápido ou com tanta facilidade. Não pensei no que estava escrevendo; simplesmente escrevi sem parar.

Os sete momentos decisivos da minha vida

Quando terminei, tinha cinco páginas de um original e, até onde fui capaz de determinar, ele havia sido escrito sem nenhuma ideia organizada da minha parte. Foi um texto que deu origem à minha primeira revista: *Hill's Golden Rule*. Eu o levei para um homem rico e o li para ele. Antes de ter lido a última linha, ele já havia prometido financiar a minha revista.

Foi dessa maneira um tanto dramática que um desejo que havia permanecido inativo na minha mente durante quase vinte anos começou a se expressar na realidade. Era a mesma ideia que eu tinha em mente quando, vinte anos antes, fiz a declaração que levou o velho operário daquela mina a colocar a mão no meu ombro e fazer aquele afortunado comentário. A ideia tinha como base a concepção de que a Regra de Ouro deveria ser o espírito norteador em todos os relacionamentos humanos.

A vida inteira eu desejara me tornar editor de um jornal. Voltando mais de trinta anos, quando eu era bem pequeno, costumava acionar a prensa para o meu pai, que publicava um pequeno jornal, e passei a adorar o cheiro da tinta de impressão.

Talvez o desejo estivesse subconscientemente ganhando ímpeto até que finalmente teve que se manifestar. Ou talvez houvesse outro plano sobre o qual eu não tinha nenhum controle, e com cuja criação eu nada tinha a ver, que me instigava ininterruptamente, sem nunca me conceder um momento de descanso em qualquer outra ocupação até que fundei a minha primeira revista. Podemos desconsiderar esse ponto por enquanto.

A coisa importante para a qual desejo direcionar a sua atenção é o fato de que encontrei o meu nicho adequado no mundo profissional e fiquei muito feliz com isso. Curiosamente, ingressei nessa ocupação, que representou a minha última etapa no longo caminho que eu percorrera em busca do fim do meu arco-íris, sem pensar um só momento em encontrar um pote de ouro. Pela primeira vez na vida, pareci sentir que havia algo a ser buscado na vida que valia mais do que ouro. Por conseguinte, dediquei-me ao meu primeiro trabalho editorial tendo em mente um único pensamento — e aqui faço uma pausa enquanto você reflete sobre esse pensamento — que era entregar ao mundo o melhor serviço que eu era capaz de oferecer.

A revista prosperou desde o início. Em menos de seis meses, estava sendo lida em todos os países de língua inglesa do mundo. Ela me trouxe reconhecimento de todas as partes do planeta, o que resultou em uma turnê de palestras que fiz em 1920, percorrendo todas as grandes cidades dos Estados Unidos. Essa turnê foi por si só educativa, porque me colocou em estreito contato com pessoas de todos os estilos de vida, em todas as partes do país, e me conferiu a oportunidade de estudar as necessidades, desejos e emoções delas.

Até o sexto momento decisivo da minha vida, inclusive, o número de inimigos que eu fizera era igual ao de amigos. Agora, algo estranho tinha acontecido. A partir do meu primeiro trabalho editorial, comecei a fazer amigos aos milhares; hoje em dia, tenho o apoio sincero de mais de 100 mil pessoas porque elas acreditam em mim e na minha mensagem.

O que provocou essa mudança? Se você compreende a lei da atração, é capaz de responder a essa pergunta, porque sabe que o semelhante atrai o semelhante e que atrairemos amigos ou inimigos de acordo com a natureza dos pensamentos que dominam nossa mente. Não podemos adotar uma atitude beligerante diante da vida e esperar que os outros tenham uma atitude diferente diante de nós. Quando comecei a pregar a Regra de Ouro na minha primeira revista, passei a vivê-la o mais fielmente possível. Existe uma grande diferença entre simplesmente acreditar na Regra de Ouro e efetivamente praticá-la em atos observáveis, uma verdade que aprendi quando fundei a primeira revista. Esse entendimento me conduziu, de forma brusca, à compreensão de um princípio que agora permeia todos os pensamentos que encontram um alojamento permanente na minha mente, e domina cada ato que pratico, que nada mais é do que o princípio formulado pelo Senhor no sermão da montanha quando Ele nos diz que devemos fazer aos outros o que gostaríamos que fizessem a nós.

No decorrer dos últimos três anos, desde que comecei a enviar vibrações de pensamento da Regra de Ouro para centenas de milhares de pessoas, essas ondas de pensamento se multiplicaram e ricochetearam, trazendo de volta para mim enxurradas de boa vontade procedentes daqueles atingidos pela minha mensagem. "Tudo o que o homem semear ele colherá."

Tenho plantado as sementes da bondade; tenho semeado pensamentos construtivos onde antes existiam pensamentos destrutivos. Tenho ajudado as pessoas a enxergar a insensatez de brigar entre si e a virtude do esforço cooperativo, até que carreguei e vitalizei a minha própria alma, tendo essas ideias como pensamentos dominantes. Estes, por sua vez, constituíram um ímã que atraiu para mim a cooperação e a boa vontade de milhares de pessoas que estavam em harmonia com esses pensamentos.

Eu estava rapidamente me aproximando do fim do meu arco-íris pela sétima e última vez. Cada avenida de fracasso parecia fechada. Os meus inimigos foram lentamente transformados em amigos e comecei a fazer milhares de novos amigos. No entanto, eu ainda precisava passar por um último teste.

A mão invisível não dissemina as suas preciosas joias de conhecimento sem um preço, e tampouco nos eleva a posições de responsabilidade ou cria pessoas destinadas à grandeza sem testar o caráter delas. Esse processo de testagem em geral ocorre quando menos o esperamos, assim nos surpreende e não nos dá a chance de revelar qualquer coisa que não seja a nossa verdadeira personalidade.

O momento do meu teste chegou de repente e me pegou despreparado, devido, principalmente, ao fato de eu ter defendido os meus flancos apenas com dispositivos artificiais. Eu contara excessivamente comigo mesmo e não me apoiara suficientemente na mão invisível. Deixara de alcançar um feliz meio-termo, no qual eu mantivesse uma autossuficiência adequada, porém não excessiva. Por conseguinte, o meu último e mais árduo momento decisivo me causou muito pesar, o qual eu poderia ter evitado se o meu conhecimento dos eventos humanos e do poder que os controla tivesse estado um pouco mais equilibrado.

Como já declarei, estava me aproximando do fim do meu arco-íris com a firme convicção de que nada poderia me impedir de alcançá-lo, e resgatar o meu pote de ouro e tudo o mais que um buscador bem-sucedido dessa grande recompensa poderia esperar.

Como um relâmpago em um céu claro, recebi um choque!

O "impossível" acontecera. A minha primeira revista, *Hill's Golden Rule*, não apenas foi arrancada das minhas mãos da noite para o dia, como também a sua influência foi temporariamente transformada em uma arma que visava me derrotar.

Uma vez mais, as pessoas haviam me desapontado e alimentei pensamentos desagradáveis a respeito delas. Recebi um golpe brutal quando despertei para o entendimento de que a Regra de Ouro não encerrava nenhuma verdade — a qual eu estivera não apenas pregando para milhares de pessoas, por meio das páginas da minha revista e pessoalmente para centenas de milhares de outras, como também estivera me esforçando ao máximo para viver à risca.

Esse foi o momento supremo de teste! Teria a minha experiência provado que os meus princípios mais preciosos eram falsos e nada mais do que uma armadilha para passar a perna nos ignorantes, ou estaria eu prestes a aprender uma grande lição que estabeleceria a verdade e a confiabilidade desses princípios pelo restante da minha vida natural e talvez por toda a eternidade?

Essas eram as perguntas que passavam pela minha mente.

Não respondi a elas prontamente. Não poderia fazê-lo. Estava tão atordoado que simplesmente tive que parar para tomar fôlego. Eu estivera pregando que não era possível roubar ideias, planos, pertences ou mercadorias de outro homem e mesmo assim prosperar. A minha experiência parecia desmentir tudo o que eu jamais escrevera ou falara seguindo essa linha de pensamento, porque aqueles que tinham roubado o produto do meu coração e do meu cérebro pareciam não apenas estar prosperando por meio dele, como também o tinham efetivamente utilizado como uma maneira de me impedir de pôr em prática os meus planos de serviço internacional no interesse da raça humana.

Meses se passaram e eu me via incapaz de fazer qualquer progresso.

Eu fora destituído, a minha revista me fora tomada e os meus amigos pareciam me olhar como se eu fosse uma espécie de herói caído. Alguns diziam que eu voltaria mais forte e bem-sucedido com a experiência. Outros diziam que eu estava acabado. Os comentários iam e vinham, mas eu ficava olhando assombrado, sentindo-me como uma pessoa que está tendo um pesadelo, sabe o que está acontecendo à sua volta, mas é incapaz de despertar ou mover até mesmo um dedo.

Eu estava vivenciando um pesadelo bem desperto que parecia me segurar firmemente no seu aperto. A minha coragem havia desaparecido e a minha fé na humanidade praticamente se dissipado. O meu amor pela raça humana estava enfraquecendo. De forma lenta, porém segura, eu estava revertendo a minha opinião com relação aos melhores e mais elevados ideais que estivera desenvolvendo ao longo dos vinte anos anteriores. As semanas que transcorriam pareciam uma eternidade e os dias, uma vida inteira.

Certo dia, a atmosfera começou a se desanuviar.

E sou levado a divagar enquanto afirmo que esse tipo de situação geralmente acaba serenando. O tempo cura todas as feridas. O tempo remedia quase todos os que estão sofrendo de doenças e ignorância, o que de vez em quando acontece com quase todos nós.

Durante o sétimo e último momento decisivo na minha vida, fui reduzido a um estado de pobreza maior do que qualquer outro que já tinha vivido. Eu, que residia em uma casa bem mobiliada, me vi obrigado, praticamente da noite para ao dia, a morar em um conjugado. Esse golpe, que me atingiu quando eu estava prestes a me apoderar do pote de ouro no fim do meu arco-íris, produziu uma ferida profunda e repulsiva no meu coração. Durante esse breve e árduo período, fui obrigado a me ajoelhar na poeira da pobreza e comer a crosta de toda a minha insensatez passada. Quando eu tinha quase desistido, as nuvens da escuridão começaram a se dissipar com a mesma rapidez com que haviam me encoberto.

Eu me vi frente a frente com um dos testes mais difíceis com que jamais me deparara. Talvez nenhum ser humano tivesse sido mais rigorosamente testado do que eu. Pelo menos era assim que eu estava me sentindo naquela ocasião.

O carteiro havia entregado a minha escassa correspondência. Eu a abri enquanto contemplava o pálido sol vermelho que tinha praticamente desaparecido no horizonte ocidental. Essa cena simbolizava para mim o que estava prestes a me acontecer, porque eu via o sol da minha esperança também se pondo no ocidente.

Abri um envelope e, quando o fiz, um certificado de depósito esvoaçou para o chão e caiu virado para cima. Era um certificado de 25 mil dólares. Durante um minuto, permaneci com os olhos colados naquele pedaço de papel, me perguntando se eu estaria sonhando. Em seguida, eu o apanhei e li a carta que o acompanhava.

Aquele dinheiro era todo meu! Eu poderia sacá-lo do banco a qualquer hora. Para isso, havia apenas duas pequenas condições, mas que tornavam indispensável que eu me obrigasse, moralmente, a voltar as costas para tudo o que eu estivera pregando a respeito de colocar os interesses coletivos acima dos de qualquer indivíduo.

O momento supremo do teste havia chegado.

Deveria eu aceitar aquele dinheiro, que representava um capital mais do que suficiente para publicar a minha revista, ou o devolveria e continuaria um pouco mais do jeito que eu estava? Essas foram as primeiras perguntas que me vieram à cabeça.

Em seguida, ouvi o sino tocar no meu coração. Dessa vez, o som foi mais direto. Fez com que o sangue formigasse em todo o meu corpo. Com o tocar do sino, recebi o comando mais direto que jamais foi registrado na minha consciência, e ele se fez acompanhar por uma mudança química no meu cérebro que eu nunca vivenciara antes. Era um comando positivo, surpreendente, que me trouxe uma mensagem que eu não poderia interpretar erroneamente.

Sem nenhuma promessa de recompensa, ele ordenou que eu devolvesse os 25 mil dólares.

Hesitei. O sino continuou a tocar. Meus pés pareciam grudados no chão. Eu não conseguia me mexer. Foi quando tomei uma decisão. De-

Os sete momentos decisivos da minha vida

cidi seguir a advertência, que apenas um tolo teria interpretado de modo incorreto.

No instante em que cheguei a essa conclusão, avistei o fim do arco-íris no crepúsculo que se aproximava. Finalmente, eu o alcançara. Não vi nenhum pote de ouro, a não ser aquele que eu estava prestes a devolver para quem me havia enviado, mas descobri algo mais precioso do que todo o ouro no mundo quando ouvi uma voz que chegou até mim através do coração, e não do ouvido, que dizia:

"Deus se ergue na sombra de todo fracasso."

O fim do meu arco-íris me trouxe o princípio do triunfo sobre o ouro. Ele me conferiu uma comunhão mais estreita com as forças invisíveis deste universo e a nova determinação de plantar a semente da filosofia da Regra de Ouro no coração de milhões de outros viajantes fatigados que estão em busca do fim do seu arco-íris.

Compensou devolver os 25 mil dólares? Bem, deixarei que os meus leitores decidam. Pessoalmente, estou bastante satisfeito com a minha decisão, depois da qual algo estranho e inesperado aconteceu: recebi, de várias fontes, todo o capital que eu precisava. Ele veio em abundância, sem estar amarrado a nenhuma corrente de ouro ou a condições embaraçosas que buscavam controlar o que eu escrevia.

Em um número anterior dessa revista, a minha secretária descreve um dos acontecimentos mais dramáticos que ocorreram logo depois da minha decisão de não aceitar ajuda financeira de fontes que, em alguma medida, queriam controlar o teor dos meus textos. Esse incidente é apenas um, mas cada um deles constitui evidência suficiente para convencer a todos, exceto os tolos, de que a Regra de Ouro realmente funciona, que a lei da compensação ainda está em atividade e que "O homem colhe aquilo que semeia".

Não apenas consegui todo o capital necessário para levar a revista adiante durante o período inicial, durante o qual a receita dela foi insuficiente para publicá-la, como também, o que é muito mais importante, a revista está crescendo com uma rapidez até agora desconhecida na área de publicações semelhantes. Os leitores e o público em geral captaram o espírito atrás do trabalho que estamos fazendo e colocaram em ação, a nosso favor, a lei do retorno crescente.

Mereço algum mérito pelos acontecimentos aqui mencionados, alguns dos quais parecem refletir esse mérito sobre mim? Mereço o mérito pelo sucesso que está agora coroando o trabalho que estou realizando nas páginas dessa revista?

Com franqueza, sinto-me impelido a responder de forma negativa!

Nada mais fui do que uma ferramenta nas mãos de um poder superior e desempenhei o mesmo papel que um violino desempenha nas mãos de um mestre. Se executei um ritmo sinfônico na música que estou tentando cantar nessas páginas do mensageiro mensal do povo, isso aconteceu porque me submeti à influência da mão invisível. O que estou tentando dizer é que não assumo nenhum mérito pessoal por nada de natureza louvável que eu possa ter feito ou que possa vir a fazer. Se eu tivesse seguido o que pareciam ser a minha tendência e inclinações naturais, teria sucumbido à derrota em qualquer um dos sete momentos decisivos da minha vida, mas uma força norteadora sempre veio em meu socorro e me salvou da derrota.

Faço essas confissões em um espírito de franqueza e com o desejo sincero de ajudar os outros a se beneficiarem das minhas experiências, que aqui foram registradas. É claro que você perceberá que muitas das minhas conclusões são puramente hipotéticas, mas eu me sentiria uma grande fraude se aceitasse o mérito, quer por declaração direta, quer por insinuação, pelos impulsos mais elevados que efetivamente tiveram que destruir as minhas tendências naturais a fim de encontrar um ponto de apoio em mim. Se eu tivesse seguido as minhas conclusões e tendências naturais, teria sucumbido à derrota em todos esses momentos decisivos da minha vida, conclusão que me vejo obrigado a chegar à luz de uma interpretação razoavelmente judiciosa das lições que cada um desses momentos me ensinou.

Vou resumir agora as lições mais importantes que aprendi na minha busca do fim do arco-íris. Não vou tentar mencionar todas as lições, apenas as mais importantes. Deixarei a cargo da sua imaginação grande parte do que você é capaz de enxergar sem que eu o relate aqui.

Os sete momentos decisivos da minha vida

Em primeiro lugar, e o que é mais importante, na minha busca do fim do arco-íris encontrei Deus em uma manifestação muito concreta, inequívoca e satisfatória, que seria bastante suficiente se eu nada mais tivesse encontrado. A vida inteira eu me vi um tanto confuso com relação à natureza exata dessa mão invisível que dirige os assuntos do universo, mas os meus sete momentos decisivos no caminho do arco-íris da vida me fizeram, finalmente, chegar a uma conclusão satisfatória. O fato de essa conclusão ser certa ou errada não é muito importante; o principal é que ela me satisfaz.

As lições menos importantes que aprendi são as seguintes:

Aprendi que aqueles que consideramos nossos inimigos são, na realidade, nossos amigos. À luz do que aconteceu, eu não voltaria no tempo e anularia nenhuma dessas difíceis experiências, porque cada uma delas me proporcionou uma evidência positiva da validade da Regra de Ouro e da existência da lei da compensação por meio da qual reivindicamos nossa recompensa pela virtude e pagamos a penalidade pela nossa ignorância.

Aprendi que o tempo é amigo de todos aqueles que fundamentam os seus pensamentos e ações na verdade e na justiça, e que é inimigo mortal de todos os que deixam de fazer isso, embora a penalidade ou a recompensa com frequência demore a chegar onde é devida.

Aprendi que o único pote de ouro que vale a pena perseguir é aquele que procede da satisfação de saber que nosso esforço está causando a felicidade de outras pessoas.

Vi cada um daqueles que foram injustos e tentaram me destruir ser derrubado pelo fracasso. Vivi para ver cada um deles reduzido a um fracasso muito maior do que qualquer coisa que eles tinham planejado para mim. O banqueiro que mencionei foi reduzido à pobreza. Os homens que venderam a minha participação na Betsy Ross Candy Company e tentaram destruir a minha reputação descambaram no que parece ser um fracasso permanente, sendo que um deles está cumprindo pena em uma prisão federal.

O homem que roubou 100 mil dólares do meu salário e que eu tornei rico e influente foi reduzido à pobreza e à penúria. Em cada curva da estrada que finalmente me conduziu ao fim do meu arco-íris, vi provas indiscutíveis que apoiam a filosofia da Regra de Ouro que estou agora divulgando, por meio do esforço organizado, para centenas de milhares de pessoas.

Por último, aprendi a dar ouvidos ao sino que me guia quando chego à encruzilhada da dúvida e da indecisão. Aprendi a recorrer à fonte até então desconhecida da qual recebo minhas sugestões quando desejo saber para onde devo me voltar e o que devo fazer. Essas sugestões nunca me conduziram na direção errada e estou confiante de que isso nunca acontecerá.

Enquanto concluo estas linhas, vejo nas paredes do meu gabinete de trabalho as imagens de grandes homens cujo caráter tentei copiar. Entre elas está a do imortal Lincoln, em cujo rosto enrugado e preocupado pareço ver surgir um sorriso e de cujos lábios quase consigo ouvir as mágicas palavras: "Com caridade para com todos e sem maldade contra ninguém." E nas profundezas do meu coração ouço o toque do misterioso sino, que é seguido, uma vez mais, enquanto encerro estas linhas, pela mais notável mensagem que já chegou à minha consciência:

"Deus se ergue na sombra de todo fracasso."

CAPÍTULO SEIS

Como a autoconfiança levantou um homem em quatro dias

Os princípios científicos delineados nesta lição levaram sucesso e felicidade para milhões de pessoas. A lição que você está prestes a ler contém uma história interessante. Tenho evidências de mais de cem casos de homens e mulheres que encontraram seu rumo adequado na vida dessa maneira.

O exemplo mais impressionante de uma transformação imediata de fracasso em sucesso, por meio da ajuda deste artigo, aconteceu há cerca de quatro anos após sua publicação. Certo dia, um homem morador de rua veio ao meu escritório. Quando eu o vi, ele estava de pé, na porta, com o gorro na mão, parecendo estar se desculpando por estar na terra.

Eu estava prestes a lhe oferecer um trocado quando ele me surpreendeu tirando do bolso um livreto com capa marrom. Era um exemplar de *How to Build Self-Confidence* [*Como desenvolver a autoconfiança*]. O homem disse o seguinte: "Deve ter sido a mão do destino que colocou este livreto no meu bolso ontem à tarde. Eu estava pensando em me matar quando alguém me deu este livro. A leitura dele me fez parar para pensar e fiquei convencido de que você é capaz de me reerguer."

Olhei novamente para o homem. Ele era o espécime humano de pior aparência que eu já tinha visto. Não fazia a barba havia duas semanas. As suas roupas estavam amassadas e esfarrapadas. Os sapatos desgastados no calcanhar. Mas ele viera procurar minha ajuda e eu não poderia me negar. Eu o convidei a entrar e se sentar. Francamente, eu não tinha a menor ideia do que poderia fazer por ele, mas não tive coragem de lhe dizer isso.

Pedi que ele me narrasse a sua história, que me dissesse como chegara àquela situação na vida. Ele me contou a sua história, que, resumidamente, era a seguinte: ele fora um empresário bem-sucedido no estado de Michigan até que sua fábrica falira. A falência acabara com suas economias e seu negócio, e o golpe partiu o seu coração. Ele perdeu a confiança em si mesmo, de modo que abandonou a mulher e os filhos e foi morar na rua.

Depois de ouvir sua história, pensei em um plano para ajudá-lo. Eu lhe disse: "Ouvi a sua história com muito interesse, e gostaria de poder fazer alguma coisa em seu benefício, mas não há absolutamente nada que eu possa fazer."

Eu o observei durante alguns segundos. Ele empalideceu e deu a impressão de que ia desmaiar. Em seguida, eu disse: "Mas vou apresentá-lo a um homem que conheço neste prédio, e esse homem poderá reerguê-lo em menos de seis meses se você confiar nele." Ele me interrompeu, dizendo: "Pelo amor de Deus, leve-me até ele." Eu o conduzi ao meu laboratório e o coloquei diante do que parecia ser uma cortina sobre uma porta. Puxei a cortina para o lado e ele se viu frente a frente com a pessoa que eu mencionara, enquanto se olhava diretamente no espelho.

Apontei o dedo para o espelho e disse: "Aí está a única pessoa no mundo capaz de ajudá-lo, e a não ser que você se sente e trave conhecimento com a força por trás dessa personalidade, é preferível que vá em frente e se mate porque não terá nenhuma utilidade para si mesmo ou qualquer outra pessoa."

Ele chegou bem perto do espelho, esfregou a barba crescida. Em seguida, deu um passo para trás e lágrimas começaram a descer pelo seu rosto.

Eu o conduzi ao elevador e me despedi dele, sem esperar vê-lo novamente.

Mais ou menos quatro dias depois, eu o encontrei nas ruas de Chicago. Uma completa transformação acontecera. Ele estava caminhando a

Como a autoconfiança levantou um homem em quatro dias

passos rápidos com o queixo erguido em um ângulo de 45 graus. Estava vestido dos pés à cabeça com roupas novas. Transpirava sucesso e caminhava como se sentisse que era bem-sucedido. Ele me viu, se aproximou de mim e apertou a minha mão.

Ele disse: "Sr. Hill, você mudou o rumo da minha vida. Você me salvou de mim mesmo ao me apresentar a mim mesmo — ao meu verdadeiro eu — aquele que eu não conhecia —, e um dia desses, irei novamente ao seu escritório. Quando eu fizer isso, serei um homem bem-sucedido. Vou lhe passar um cheque, que terá o seu nome em cima e o meu embaixo. A quantia será deixada em branco, para que você a preencha, porque você assinalou o momento decisivo mais importante da minha vida."

Ele se virou e desapareceu nas ruas movimentadas de Chicago. Enquanto eu o observava indo embora, me perguntei se um dia o veria novamente. E me perguntei se ele realmente cumpriria a promessa. Fiz isso várias vezes. Era quase como se eu estivesse lendo um conto de *As Mil e uma Noites*.

Isso me traz ao fim dos meus comentários introdutórios e a um lugar adequado para informar que esse homem voltou para me ver. Ele cumpriu a promessa. Se eu mencionasse o seu nome nesta coluna, você o reconheceria imediatamente, porque ele alcançou um sucesso fenomenal e está à frente de uma empresa que é conhecida de costa a costa do país.

Estou tentando convencê-lo a narrar a sua história nesta coluna para que outros possam se beneficiar do seu exemplo. Espero ser bem-sucedido, porque existem milhões de pessoas que perderam a confiança no único indivíduo no plano terrestre capaz de fazer alguma coisa por elas, assim como esse homem fez, que talvez possam encontrar a si mesmas por meio da história dele.

Nesse ínterim, segue-se o artigo que promoveu essa invulgar transformação em um homem que havia caído nas profundezas do desalento.

Esse poderá se revelar o artigo mais valioso que você já leu. Ele mostra como aplicar os princípios da autossugestão e da concentração no desenvolvimento da qualidade mais importante para o sucesso: a autoconfiança.

A humanidade parece estar tentando alcançar dois grandes objetivos. Um deles é a felicidade e o outro é acumular riqueza material — dinheiro!

Você começará a ver a importância de desenvolver autoconfiança quando parar e compreender que nenhum desses dois objetivos na vida podem ser atingidos sem ela.

Por mais que você se esforce, não conseguirá ser feliz se não acreditar em si mesmo! Você pode trabalhar com toda a força que tiver, mas não conseguirá acumular mais do que apenas o suficiente para viver se não acreditar em si mesmo!

A única pessoa no mundo cujos esforços podem torná-lo imensamente feliz em todas as circunstâncias, e por meio de cujo trabalho você pode acumular toda a riqueza material que poderá usar legitimamente, é você mesmo.

Quando você compreender plenamente essa grande verdade, será capturado por um novo e vibrante sentimento de inspiração e se conscientizará de um tremendo poder e vitalidade que não sabia possuir.

Você executará mais, porque ousará empreender mais! Compreenderá, possivelmente pela primeira vez na vida, que possui a capacidade de realizar qualquer coisa que deseje realizar! Perceberá que seu sucesso em qualquer empreendimento depende muito pouco dos outros e enormemente de você.

Recomendamos que você adquira um exemplar dos *Essays* [*Ensaios*] de Emerson e leia "Self-Reliance" [Autossuficiência]. O texto o impregnará de novas inspirações, entusiasmo e determinação.

Em seguida, depois de você ter lido o texto sobre autossuficiência, leia aquele sobre a compensação. Nesses dois textos, você encontrará algumas verdades extraordinariamente proveitosas.

Um dos primeiros passos que você deve dar no desenvolvimento da autoconfiança é dissipar para sempre o sentimento de que não pode realizar alguma coisa que empreenda. O medo é o principal impedimento que se coloca entre você e a autoconfiança, mas vamos lhe mostrar como eliminar cientificamente o medo e desenvolver a coragem no lugar dele.

Como a autoconfiança levantou um homem em quatro dias

O seu cérebro abriga um gênio adormecido que só pode ser despertado por meio da prática da autoconfiança. Uma vez que ele for estimulado, você ficará impressionado com o que conseguirá realizar. Surpreenderá todos os que o conheciam antes da transformação. Deixará de lado todos os obstáculos e avançará em direção à vitória, amparado por uma força invisível que não reconhece empecilhos.

Uma análise cuidadosa das pessoas bem-sucedidas no mundo demonstra que a qualidade dominante que todas possuíam era a autoconfiança.

**Os sete pontos da incrível tabela da autoconfiança
e como utilizá-la diariamente**

O propósito desta tabela é mostrar como você pode, por meio dos princípios da autossugestão e da concentração, colocar qualquer pensamento ou desejo na sua mente consciente e mantê-lo lá até que ele se cristalize em realidade. Estes princípios são científicos e precisos. Foram testados milhares de vezes por destacados cientistas do mundo inteiro. Para provar a sua exatidão, você precisa apenas pô-los à prova, como centenas de pessoas estão fazendo, decorando o seguinte:

A GRANDE TABELA DA AUTOCONFIANÇA

1. Sei que tenho a capacidade de realizar tudo o que empreendo. Sei que para ser bem-sucedido, tenho apenas que estabelecer essa convicção em mim mesmo e segui-la com uma ação vigorosa e agressiva. Eu a estabelecerei.

2. Compreendo que os meus pensamentos se reproduzem com o tempo em forma material e substância e se tornam reais no estado físico. Por conseguinte, vou me concentrar na tarefa diária de pensar na pessoa que pretendo ser, de traçar uma imagem mental dela e de transformá-la em realidade. (Descreva aqui, detalhada-

mente, o seu "propósito principal" ou o trabalho para toda a vida que você escolheu.)

3. Estou estudando com a firme intenção de dominar os princípios fundamentais por meio dos quais posso atrair para mim as coisas desejáveis da vida. A partir desse estudo, estou me tornando mais autossuficiente e animado. Estou desenvolvendo mais solidariedade pelos meus semelhantes e ficando mais forte, tanto mental quanto fisicamente. Estou aprendendo a sorrir não apenas com os lábios, mas também com o coração.

4. Estou dominando e subjugando o hábito de começar alguma coisa e não terminá-la. A partir de agora, vou planejar primeiro o que desejo fazer, formando uma imagem mental do resultado, e depois não deixarei que nada interfira nos meus planos enquanto eu não os tiver transformado em realidade.

5. Delineei e planejei claramente o trabalho que tenho a intenção de seguir nos próximos cinco anos. Estabeleci um preço para os meus serviços para cada um dos cinco anos, preço esse que pretendo obter por meio da rigorosa aplicação dos princípios do serviço eficiente e satisfatório!

6. Compreendo plenamente que o sucesso genuíno só ocorrerá por meio da rígida aplicação dos princípios da "Regra de Ouro". Por conseguinte, não me envolverei em nenhuma transação que não beneficie igualmente todos os que dela participem. Serei bem-sucedido atraindo para mim as forças que desejo usar. Induzirei outras pessoas a me servir devido à minha disposição de servir a elas. Conquistarei a amizade dos meus semelhantes por meio da minha gentileza e disposição de ser um amigo. Eliminarei o medo da minha mente desenvolvendo a coragem no seu lugar. Aniquilarei o ceticismo desenvolvendo a fé. Eliminarei o ódio e o pessimismo desenvolvendo amor pela humanidade.

7. Aprenderei a me erguer nos meus próprios pés, a me expressar em uma linguagem clara, concisa e simples, e a falar com vigor e entusiasmo, de uma maneira que transmitirá convicção. Farei os ou-

Como a autoconfiança levantou um homem em quatro dias

tros se interessarem por mim, porque me interessarei primeiro por eles. Eliminarei o egoísmo e desenvolverei no seu lugar o espírito do serviço.

Vamos dirigir particularmente a sua atenção para o segundo parágrafo dessa tabela de desenvolvimento da autoconfiança. Nele, você precisa declarar distintamente e com clareza o seu "propósito principal". Ao colocá-lo deliberadamente na mente consciente, você está utilizando o princípio da autossugestão. Ao decorar a tabela e manter o seu conteúdo engatilhado, você poderá convocá-lo a qualquer momento para a mente consciente e, ao efetivamente chamá-lo para a consciência muitas vezes por dia, estará utilizando o princípio da concentração.

A mente pode ser comparada à lâmina sensível do diafragma de uma câmera. O "propósito principal" mantido diante da sua mente, por meio da tabela apresentada, pode ser comparado ao objeto que você deseja retratar. Quando essa imagem é transferida de forma permanente para as lâminas sensíveis da sua mente subconsciente, você notará que cada ação e movimento do seu corpo terão a tendência de transformar essa imagem em uma realidade física.

Sua mente traça primeiro uma imagem do que ela deseja e depois se põe a dirigir sua atividade física para a obtenção desse desejo.

Mantenha o medo afastado da sua mente consciente como você manteria um veneno longe da sua comida, porque ele é o único obstáculo entre você e a autoconfiança.

Depois que tiver memorizado essa tabela de desenvolvimento da autoconfiança, adquira o hábito de repeti-la em voz alta pelo menos duas vezes por dia. Todos os seus pensamentos têm a tendência de produzir atividades apropriadas ou correspondentes no seu corpo, mas os pensamentos que são seguidos por afirmações por meio de palavras faladas se cristalizarão em realidade em muito menos tempo do que aqueles que não são acompanhados pela expressão em palavras. Indo além, os pensamentos que são seguidos por palavras faladas e escritas se cristalizarão em realidade física em um tempo ainda menor do que aqueles que são inibidos e simplesmente mantidos em silêncio na consciência. Finalmente, não apenas recomendamos com insistência que você decore essa tabela de desenvolvimento da autoconfiança, como também sugerimos que a escreva e repita pelo menos duas vezes por dia durante duas semanas. Ao seguir essas sugestões, você terá dado três passos determinados em direção à realização da sua meta:

Primeiro, você a terá criado em pensamento.

Segundo, você terá criado uma ação física que tem a propensão de, em última análise, se transformar em realidade, por meio da ação muscular dos órgãos vocais ao falar em voz alta.

Terceiro, você terá levado esse pensamento a efetivamente iniciar o processo de transformação em realidade física por meio da ação muscular da sua mão ao escrevê-lo no papel.

Esses três passos completariam a sua tarefa em muitas ocupações, por exemplo, na arquitetura. O arquiteto primeiro pensa, retrata uma imagem nítida de um prédio nas lâminas sensíveis da sua mente, transfere, em seguida, essa imagem para o papel e, vejam só, o trabalho está concluído.

Recomendamos que você se posicione diante de um espelho, onda possa ver a si mesmo enquanto repete as palavras da tabela de desenvolvimento da autoconfiança. Olhe para si mesmo direto nos olhos, como se você fosse outra pessoa, e fale com veemência. Caso haja algum sentimento de falta de coragem, sacuda o pulso no rosto da pessoa que você vê no espelho e desperte nela um sentimento de reação. Faça com que essa imagem queira dizer e fazer alguma coisa.

Você logo verá, efetivamente, as linhas do seu rosto começarem a mudar, transformando a sua expressão de fraqueza em um semblante de força. Começará a enxergar força e beleza nesse rosto que nunca viu antes, e essa maravilhosa transformação será bastante visível para os outros.

Você não precisa seguir as palavras exatas da tabela de desenvolvimento da autoconfiança, e deve procurar escolher palavras que expressem mais adequadamente o seu desejo. Na verdade, se preferir, pode

Como a autoconfiança levantou um homem em quatro dias

elaborar uma tabela completamente nova. As palavras são irrelevantes, desde que definam claramente a imagem que você pretende transformar em realidade.

Examine essa tabela como se ela fosse um projeto ou a descrição detalhada da pessoa que pretende ser. Registre no projeto cada emoção que deseja sentir, cada ação que deseja praticar e uma descrição clara de si mesmo como você deseja que os outros o vejam. Lembre-se de que essa tabela é o seu plano de trabalho e que, com o tempo — em muito pouco tempo na verdade —, você vai se assemelhar a esse plano em cada detalhe.

Transforme essa tabela na sua oração diária, se essa for a sua inclinação, e repita-a como tal. Se você acredita na oração, não poderá duvidar, por um único momento, de que os seus desejos, como expressos por meio da tabela, serão plenamente realizados. Você percebe a extraordinária posição de poder em que se verá ao repetir essa tabela como uma oração? Você enxerga com maravilhosa clareza o que a adição da qualidade da fé fará para transformar com rapidez e certeza as suas afirmações em uma realidade física? Não se dá conta das grandes possibilidades desse método de usar o poder do Infinito para a realização dos seus desejos?

A sua religião não faz nenhuma diferença; esse método de autodesenvolvimento não entra de modo algum em conflito com ela. Pessoas de todas as religiões reconhecem a oração como o poder central em torno do qual o seu credo é construído. Se a oração tem a aprovação de todas as religiões, ela deve ser digna de ser usada na realização de finalidades legítimas. Sem dúvida o desenvolvimento da autoconfiança é uma finalidade legítima e respeitável.

Podemos não ser capazes de explicar o maravilhoso fenômeno da oração, mas isso não deve impedir que a usemos de todas as maneiras legítimas possíveis. Utilizá-la na transformação das palavras escritas na tabela em realidade física sem dúvida é uma utilização legítima, porque o propósito dessa tabela é o desenvolvimento da humanidade, a obra mais sublime e maravilhosa de Deus.

Que propósito poderia ser mais digno do que o de libertar a mente humana da maior maldição que existe, ou seja, o medo? E o que é a tabela de desenvolvimento da autoconfiança senão eliminar o medo e expandir a coragem no seu lugar?

Ao utilizar a tabela da maneira indicada, você não consegue enxergar como a pessoa é colocada na posição de desenvolver a autoconfiança ou então duvidar do poder da oração e da aspiração? Percebe como o seu empreendimento recebe um ímpeto poderoso com a adição da qualidade da fé que acompanha a oração?

Você não precisa restringir a sua tabela apenas ao desenvolvimento da autoconfiança. Acrescente a ela qualquer outra qualidade que deseje desenvolver, a felicidade, por exemplo, e ela lhe proporcionará o que você pedir. Negar isso representa negar o poder da própria oração.

Você está agora de posse da grande chave mestra que abrirá a porta para o que quer que deseje ser. Você pode dar a essa chave o nome que quiser. Examine-a à luz de uma força puramente científica, se desejar; ou então, considere-a como um poder divino que pertence à grande massa de fenômenos desconhecidos que a humanidade ainda não conseguiu compreender. Em ambos os casos, o resultado será o mesmo: o sucesso.

Se a oração é benéfica para qualquer coisa, certamente pode ser usada como um veículo por meio do qual podemos desenvolver na mente humana a maior de todas as bênçãos, a felicidade. Você nunca desfrutará uma felicidade maior do que aquela que vivenciará por meio do desenvolvimento da autoconfiança. Por meio desse método de expansão da autoconfiança, o Criador se ergue como patrocinador do seu sucesso. Você consegue perceber a tremenda vantagem que está concedendo a si mesmo por meio desse procedimento? Não vê como será impossível falhar? Não entende como a própria oração se torna a sua principal aliada?

A fé é a base sobre a qual repousa a civilização. Nada parece impossível quando a fé é a pedra fundamental para o desenvolvimento da autoconfiança. Use-a, e a sua construção não poderá cair. Por meio desse

Como a autoconfiança levantou um homem em quatro dias

simples plano, você superará todos os obstáculos e derrubará qualquer resistência à realização dos seus propósitos. Não deixe que preconceitos impeçam que você utilize esse plano. Duvidar de que ele lhe trará o que deseja equivale a duvidar da oração.

A grande maldição dos tempos é o medo ou a falta de autoconfiança. Com esse mal removido, você se verá sendo rapidamente transformado em uma pessoa de poder e iniciativa. Escapará das fileiras da grande massa que chamamos de seguidores e avançará para a primeira fila dos poucos escolhidos que chamamos de líderes. A liderança só surge por meio da suprema crença no eu, e você sabe como desenvolver essa crença.

Lembre-se do seguinte como a minha mensagem de despedida: *você pode ser qualquer coisa que deseje profunda e emocionalmente.* Descubra o que você mais deseja e terá, nesse momento, lançado a base para consegui--lo. O desejo intenso e arraigado é o início de toda realização humana — ele é a semente, a célula germinativa da qual brotam todas as conquistas.

Anime ou confira um caráter emocional a todo o seu ser com um desejo obstinado e definido, e, imediatamente, a sua personalidade se tornará um ímã que atrairá para você o objeto desse desejo.

Duvidar equivale a permanecer na ignorância.

CAPÍTULO SETE

A milagrosa arte da autossugestão

O termo *autossugestão* simplesmente significa uma sugestão que a pessoa deliberadamente faz a si mesma. James Allen, na sua excelente revista, *As a Man Thinketh*, [*O homem é aquilo que ele pensa*] ofereceu ao mundo uma excelente lição em autossugestão ao mostrar que podemos literalmente nos renovar por meio do processo da autossugestão.

A mente como mestre tecelã

Esta lição, assim como a revista de James, se destina principalmente a estimular homens e mulheres a descobrir e perceber a verdade que "eles criam a si mesmos", em virtude dos pensamentos que escolhem e incentivam; que a mente é a mestre tecelã, tanto do traje interno do caráter quanto do vestuário externo da circunstância; e que assim como eles teceram na ignorância, na dor e no pesar, podem agora tecer no esclarecimento e na felicidade.

Esta lição não é um sermão e tampouco um tratado sobre moralidade ou ética. É um tratado científico por meio do qual o aluno poderá entender o motivo pelo qual o primeiro degrau da escada mágica para o sucesso foi colocado onde foi, e como tornar o princípio por trás desse degrau parte do seu equipamento de trabalho com o qual dominará os mais importantes problemas econômicos da vida.

A milagrosa arte da autossugestão

Esta lição se baseia nos seguintes fatos:

1. Cada movimento do corpo humano é controlado e dirigido pelo pensamento, ou seja, pelas ordens enviadas pelo cérebro, onde está situada a sede do governo da mente.
2. A mente está dividida em duas partes, sendo uma chamada de parte consciente (que dirige as nossas atividades corporais enquanto estamos acordados), e a outra chamada de parte subconsciente, que controla a nossa atividade corporal quando estamos dormindo.
3. A presença de qualquer pensamento ou ideia na mente consciente de uma pessoa (e provavelmente o mesmo é verdade com relação aos pensamentos e ideias no segmento subconsciente da mente) tende a produzir um "sentimento associado", impelindo-a em direção à atividade corporal apropriada que transformará o pensamento em realidade física. Alguém, por exemplo, pode desenvolver coragem e autoconfiança utilizando ou pensando na seguinte declaração (ou outra semelhante): "Acredito em mim mesmo. Sou corajoso. Consigo consumar tudo o que empreendo." Isso é chamado de autossugestão.

Encontre o seu trabalho ideal e escreva a respeito dele

Passamos agora a apresentar o método operacional do primeiro passo na escada mágica para o sucesso. Para começar, procure ativamente até encontrar o tipo particular de trabalho ao qual você deseja dedicar a sua vida, tomando cuidado para escolher uma ocupação que beneficie todos os que forem afetados pelas suas atividades. Depois de decidir qual será o trabalho da sua vida, redija uma declaração bem definida a respeito dele e, em seguida, memorize-a.

Várias vezes por dia, e especialmente pouco antes de ir dormir à noite, repita as palavras dessa descrição do trabalho da sua vida e afirme para si mesmo que você está atraindo as forças, pessoas e coisas materiais necessárias com as quais irá alcançar o objetivo do trabalho da sua vida ou o seu propósito definido na vida.

Tenha em mente que o seu cérebro é um ímã, e que ele atrairá para você pessoas que se harmonizam, em pensamento e ideais, com os pensamentos que dominam sua mente e os ideais mais arraigados em você.

Como funciona a lei da atração

Existe uma lei que podemos adequadamente chamar de lei da atração. É essa lei que faz com que a água busque o seu próprio nível e que tudo no universo de natureza semelhante procure a sua espécie. Se não fosse por essa lei, que é tão imutável quanto a lei da gravidade que mantém os planetas nos seus lugares adequados, as células a partir das quais um carvalho cresce poderiam se espalhar e se misturar com as células que dão origem ao choupo, produzindo uma árvore que seria parte choupo e parte carvalho. No entanto, nunca ouvimos falar em um fenômeno desse tipo.

Acompanhando um pouco mais a lei da atração, podemos ver como ela funciona entre os homens e as mulheres. Sabemos que as pessoas prósperas e bem-sucedidas buscam a companhia de seus semelhantes, enquanto os necessitados também procuram os da sua espécie, e isso acontece tão naturalmente quanto a água desce morro abaixo.

O semelhante atrai o semelhante, fato que é indiscutível.

Por conseguinte, se é verdade que estamos constantemente buscando a companhia daqueles cujos ideais e pensamentos se parecem com os nossos, você consegue compreender a importância de controlar e direcionar seus pensamentos e ideais de modo a desenvolver, com o tempo, o tipo de "ímã" no seu cérebro que atrairá pessoas semelhantes?

Se é verdade que a presença de qualquer pensamento na mente consciente tem a tendência de despertar uma atividade muscular corporal correspondente à natureza do pensamento, você consegue perceber a vantagem de escolher, com cuidado, os pensamentos nos quais permite que a sua mente se concentre?

A milagrosa arte da autossugestão

Leia cuidadosamente estas linhas, e pondere e assimile o significado que elas transmitem, porque estamos lançando agora a base de uma verdade científica que constitui o alicerce sobre o qual toda realização humana digna de mérito se baseia. Estamos começando agora a construir a estrada que o conduzirá para longe do descampado da dúvida, do desânimo, da incerteza e do fracasso, e queremos que você se familiarize com cada centímetro dessa estrada.

Como você pode se renovar

Ninguém sabe o que é o pensamento, mas todo filósofo e todo cientista que já se dedicaram ao estudo do assunto concordam com a declaração de que o pensamento é uma forma poderosa de energia que direciona as atividades do corpo humano. E que toda ideia mantida na mente por meio do pensamento prolongado e concentrado assume uma forma permanente e continua a afetar as atividades corporais de acordo com a sua natureza, consciente ou inconscientemente.

A autossugestão, que nada mais é do que uma ideia mantida na mente por meio do pensamento, é o único princípio conhecido por meio do qual podemos nos renovar conforme qualquer padrão escolhido.

Como desenvolver o caráter por meio da autossugestão

Isso nos traz ao lugar apropriado para explicar o método por meio do qual este autor se renovou ao longo de um período de aproximadamente cinco anos.

Antes de examinar esses detalhes, queremos lembrar a você a tendência comum dos seres humanos de duvidar daquilo que não compreendem e não conseguem demonstrar satisfatoriamente, quer por experiências próprias semelhantes, quer por meio da observação.

Vamos também lembrar a você que essa não é uma época adequada para uma pessoa cética. Este autor, embora seja um homem relativamente jovem, presenciou o nascimento de algumas das maiores invenções do mundo, a revelação, por assim dizer, de alguns dos supostos "segredos ocultos" da natureza. E ele está bem dentro dos limites da precisão quando o faz lembrar que a ciência levantou a cortina que nos separava da luz da verdade e colocou em uso mais ferramentas de cultura, desenvolvimento e progresso do que haviam sido descobertas em toda a história anterior da raça humana.

Em anos relativamente recentes, vimos o nascimento da luz elétrica incandescente, do linotipo, da prensa tipográfica, dos raios X, do telefone, do automóvel, do avião, do submarino, do telégrafo sem fio e de tantas outras forças organizadas que servem à humanidade e tendem a nos separar dos instintos animais da Idade das Trevas.

Enquanto escrevo estas linhas, somos informados de que Thomas A. Edison está trabalhando em uma invenção que ele acredita possibilitará que os espíritos daqueles que partiram se comuniquem conosco aqui na terra, se é que tal coisa é possível. E se, amanhã de manhã, fosse feito o pronunciamento em East Orange, Nova Jersey, de que Edison concluiu a sua máquina e se comunicou com os espíritos dos que partiram, este autor, por exemplo, não zombaria de tal declaração. Se não a aceitamos como verdadeira até termos visto a prova, deveríamos pelo menos manter a mente aberta a respeito do assunto, porque presenciamos suficientemente o "impossível" ao longo dos últimos trinta anos para nos convencermos de que pouquíssimas coisas são completamente impossíveis quando a mente humana se empenha em uma tarefa com a inflexível determinação que não conhece a derrota.

Se a história moderna nos informa corretamente, os melhores funcionários de estradas de ferro dos Estados Unidos zombaram da ideia de que a Westinghouse poderia parar um trem comprimindo ar nos freios, mas esses mesmos funcionários viveram para ver uma lei aprovada na assembleia legislativa do estado de Nova York obrigando as companhias ferroviárias a usar esse "dispositivo ridículo", e se não fosse por essa lei, a atual velocidade dos trens nas ferrovias e a segurança com a qual podemos viajar não seriam possíveis.

As "impossibilidades" do passado

Queremos mencionar também que se o ilustre Napoleão Bonaparte não tivesse zombado do pedido que Robert Fulton fez de uma audiência, a capital francesa poderia estar hoje situada em solo inglês e a França poderia ser senhora de todo o Império Britânico. Fulton mandou avisar a Napoleão que havia inventado um motor a vapor que conduziria um barco contra o vento, mas Napoleão, por nunca ter ouvido falar em tal mecanismo, mandou dizer que não tinha tempo para perder com pessoas excêntricas e que, além disso, navios não poderiam navegar contra o vento porque nunca tinham feito isso.

Bem dentro da memória deste autor, um projeto de lei foi introduzido no Congresso pedindo uma dotação orçamentária para que pudessem ser realizadas experiências com um aeroplano que Samuel Pierpont Langley havia desenvolvido, mas a dotação foi imediatamente negada e o professor Langley ridicularizado como sendo "excêntrico" e sonhador. Ninguém jamais vira um homem fazer uma máquina voar no ar e ninguém acreditava que isso pudesse ser feito.

Mas estamos nos tornando um pouco mais liberais no nosso ponto de vista com relação a forças que não compreendemos; pelo menos essa é a posição daqueles que não querem se tornar objeto de ridículo das próximas gerações.

Nós nos sentimos impelidos a lembrar você dessas "impossibilidades" do passado que se revelaram realidades, antes de levá-lo para trás da cortina da nossa própria vida e expor, para o seu benefício, determinados princípios que os não iniciados, como temos motivo para acreditar, terão dificuldade em aceitar enquanto não forem testados e comprovados.

Vamos agora então revelar para você a experiência mais assombrosa e, poderíamos dizer, mais milagrosa de todo o nosso passado, experiência essa que é relatada apenas para o benefício daqueles que estão sinceramente buscando diferentes métodos de desenvolver em si mesmos as qualidades que constituem um caráter positivo.

Quando começamos a entender o princípio da autossugestão há vários anos, adotamos um plano para utilizá-lo de uma maneira prática no desenvolvimento de certas qualidades que admiramos em determinados personagens conhecidos da história.

Imediatamente antes de dormir à noite, adotamos a prática de fechar os olhos e ver, na imaginação, (por favor, fixe isso claramente na sua mente — o que vimos foi deliberadamente colocado na nossa mente como instruções, ou como um comando direto para a mente subconsciente, e como um projeto a partir do qual ela iria criar, por meio da nossa imaginação, e não foi de modo algum atribuído a algo oculto ou pertencente ao campo de fenômenos inexplorados) uma grande mesa de reunião diante de nós.

Representamos então, na imaginação, determinadas pessoas sentadas ao redor da mesa, de cuja vida e caráter desejamos extrair certas qualidades que seriam deliberadamente desenvolvidas no nosso caráter, por meio do princípio da autossugestão.

Algumas das pessoas que selecionamos para assumir um lugar imaginário na mesa de reunião, por exemplo, foram Lincoln, Emerson, Sócrates, Aristóteles, Napoleão, Jefferson, o homem da Galileia e Henry Ward Beecher, o conhecido orador inglês.

Nosso propósito era inculcar na nossa mente subconsciente, por meio da autossugestão, a ideia de que estávamos desenvolvendo certas qualidades que mais admirávamos em cada um desses homens e em outras pessoas notáveis.

Noite após noite, durante uma hora ou mais de cada vez, tivemos essa reunião imaginária ao redor da mesa. Na verdade, continuamos a prática até hoje, adicionando um novo personagem à mesa de reunião sempre que encontramos alguém de quem desejamos extrair determinadas qualidades, por meio da emulação.

A milagrosa arte da autossugestão

Como desenvolver as diferentes qualidades dos notáveis

Desejávamos obter de Lincoln as qualidades pelas quais ele era mais respeitado — sinceridade de propósito e um sentimento imparcial de justiça para com todos, tanto amigos quanto inimigos. Ele representava um ideal que tinha como objetivo o erguimento das massas, das pessoas simples. Também tinha a coragem de quebrar precedentes e estabelecer outros quando as circunstâncias exigiam. Nós nos pusemos a desenvolver no nosso caráter todas essas qualidades que tanto admirávamos em Lincoln enquanto contemplávamos a mesa de reunião imaginária, efetivamente ordenando à nossa mente subconsciente que usasse a imagem que estava vendo como um projeto a partir do qual ela iria criar.

De Napoleão desejávamos extrair a qualidade da persistência tenaz; queríamos a habilidade estratégica que ele tinha de transformar circunstâncias adversas em algo vantajoso; desejávamos sua autoconfiança e sua maravilhosa capacidade de liderar e servir de inspiração; almejávamos a aptidão que ele tinha para organizar as suas próprias habilidades e a dos seus companheiros, porque sabíamos que o verdadeiro poder só surgia por meio do esforço inteligentemente organizado e adequadamente direcionado.

Desejávamos extrair de Emerson a percepção perspicaz do futuro pela qual ele era conhecido. Cobiçávamos a sua capacidade de interpretar a caligrafia da natureza como se manifestava nos riachos fluentes, nos pássaros que cantam, nas crianças que riem, no céu azul, na noite estrelada, na grama verdejante e nas formosas flores. Queríamos a sua capacidade de interpretar as emoções humanas, a sua aptidão de raciocinar da causa para o efeito e, inversamente, do efeito de volta à causa.

Almejávamos o poder magnético de Beecher de comover o coração de plateias em seu discurso, a sua capacidade de falar com uma energia e convicção que levava a plateia ao riso ou às lágrimas e de fazer os seus ouvintes sentirem com ele júbilo e melodia, tristeza e felicidade.

Enquanto eu via aqueles homens sentados diante de mim, ao redor da mesa de reunião imaginária, dirigia a atenção para cada um deles durante alguns minutos, dizendo a mim mesmo que eu estava desenvolvendo as qualidades que pretendia extrair do personagem à minha frente.

Se você tem lágrimas de pesar a derramar por mim, devido à minha ignorância ao me dedicar a esse papel imaginário de formação de caráter, prepare-se para derramá-las agora. Se tem palavras de condenação a proferir contra a minha prática, articule-as agora. Se tem um sentimento de ceticismo que parece querer se expressar na natureza de um rosto carrancudo, expresse-o agora, porque estou prestes a relatar algo que deverá fazer, e provavelmente fará, você parar, olhar e raciocinar!

O meu espantoso sucesso com este método

Até a ocasião em que comecei a promover essas reuniões imaginárias, eu fizera muitas tentativas de falar em público, mas fracassara terrivelmente em todas elas. *No entanto, na primeira vez que tentei dar uma palestra depois de ter me dedicado a essa prática durante uma semana, impressionei de tal maneira a minha audiência que fui convidado a fazer outra preleção sobre o mesmo assunto, e a partir desse dia, até o momento em que escrevo estas linhas, venho melhorando constantemente.*

No ano passado, a procura pelos meus serviços como palestrante se tornou tão grande que fiz uma turnê por quase todo o país, falando diante dos principais clubes, organizações cívicas, escolas e reuniões especialmente organizadas.

Na cidade de Pittsburgh, falei sobre a "Escada mágica para o sucesso" diante do Advertising Club. Alguns dos principais líderes empresariais dos Estados Unidos estavam presentes na plateia, executivos da Carnegie Steel Company, da H. J. Heinz Pickle Company, da Joseph Home

Department Store e de outras grandes indústrias da cidade. Eram pessoas analíticas que sabiam quando ouviam alguma coisa sensata. Quando encerrei a palestra, recebi uma salva de palmas que, como vários membros da audiência me disseram depois, foi a maior que já tinha sido feita naquele clube a um palestrante. Pouco depois de ter voltado de Pittsburgh, recebi uma medalha dos Associated Advertising Clubs of the World, em memória daquele evento.

Por favor, não cometa o erro de interpretar o que acabo de descrever como uma explosão de egoísmo. Só estou fornecendo fatos, nomes e lugares com o propósito de mostrar que eu tinha efetivamente começado a desenvolver a qualidade que tanto admirava em Henry Ward Beecher. Desenvolvi essa qualidade, em volta da mesa de reunião imaginária, de olhos fechados, olhando para a figura imaginária do Sr. Beecher sentado como um dos membros da minha junta de conselheiros imaginária.

O princípio por meio do qual desenvolvi essa habilidade foi a autossugestão. Preenchi a minha mente de tal maneira com a ideia de que eu conseguiria me igualar, e até mesmo superar, Beecher que o resultado não poderia ter sido nenhum outro.

Tampouco este é o fim da minha narrativa — narrativa que, a propósito, pode ser corroborada pelas centenas de milhares de americanos que hoje me conhecem! Eu me pus imediatamente a substituir a intolerância pela tolerância; passei a imitar as maravilhosas qualidades de justiça para todos, tanto amigos quanto inimigos, do imortal Lincoln. Um novo poder começou a envolver não apenas as minhas palavras faladas, mas também a minha caneta, e pude ver, tão nitidamente quanto o sol em um dia claro, o constante desenvolvimento da capacidade de me expressar com vigor e convicção por meio da palavra escrita.

Por falar nisso, há relativamente poucos meses, o Sr. Myers, um executivo da Morris Packing Company de Chicago, comentou que os meus editoriais na *Hill's Golden Rule Magazine* o faziam lembrar com muita intensidade do finado Elbert Hubbard, por quem tenho admiração, e acrescentou que poucos dias antes dissera a um dos seus colegas que eu era não apenas competente o bastante para tomar o lugar de Elbert Hubbard, mas que já o havia superado.

Uma vez mais, peço que você não ponha de lado levianamente esses fatos nem os atribua ao egoísmo. Se escrevo tão bem quanto Hubbard, é porque ambicionei fazê-lo, primeiro tendo usado deliberadamente a autossugestão para inserir na minha mente o objetivo e o propósito de não apenas me igualar a ele, mas de superá-lo, se possível.

Sei que a exibição de egoísmo é uma fraqueza imperdoável, tanto em um escritor quanto em um orador, e ninguém condena mais rapidamente essa superficialidade mental do que este autor. Entretanto, devo lembrá-lo também de que o fato de um autor se referir às suas experiências pessoais com o propósito de fornecer aos seus leitores informações autênticas sobre um determinado assunto nem sempre é um sinal de egoísmo. Às vezes é preciso coragem para fazer isso. Neste caso particular, eu me absteria de usar livremente o pronome pessoal "eu" que se introduziu com tanta frequência nesta narrativa, não fosse o fato de que essa abstenção subtrairia grande parte do valor do meu trabalho. Estou relatando essas experiências pessoais somente por saber que são autênticas, acreditando, como acredito, que é melhor correr o risco de ser considerado egoísta do que usar uma ilustração hipotética do princípio da autossugestão ou escrever na terceira pessoa.

O valor de um propósito definido na vida

Este autor concede o mesmo cuidado e atenção aos detalhes do seu propósito definido na vida que concederia à planta de um arranha-céu caso pensasse em construir um. A sua realização na vida será tão definida quanto os planos que você usou para alcançar seu objetivo.

Pouco mais de um ano e meio antes de eu escrever estas linhas, revi a declaração escrita do propósito que defini para minha vida, alterando o parágrafo intitulado "Renda" para incorporar o montante que precisa-

A milagrosa arte da autossugestão

rei para levar avante o programa educacional que delineei para a minha Escola de Economia Empresarial.

Menos de seis meses depois de eu ter feito essa alteração nas palavras do meu propósito, fui abordado pelo dirigente de uma corporação que me ofereceu uma conexão comercial com um salário de 105.200 dólares por ano, com os 5.200 sendo destinados a cobrir as minhas despesas de ida e volta ao local do emprego que era bem distante de Chicago, com a quantia acordada para o salário sendo exatamente aquela que eu indicara na declaração escrita do meu propósito.

Aceitei a oferta e, em menos de cinco meses, eu criara uma organização e outras vantagens para a empresa que me empregara que foram estimadas em mais de 20 milhões de dólares. Abstenho-me de mencionar nomes apenas porque me sinto compelido pelo dever a declarar que o meu empregador encontrou uma brecha por meio da qual me enganou e roubou o salário de 100 mil dólares combinado.

Quero chamar a sua atenção para dois fatos importantes, a saber:

Primeiro, me ofereceram exatamente a quantia que eu havia especificado no meu propósito definido como o montante que eu pretendia ganhar no ano seguinte.

Segundo, eu efetivamente ganhei a quantia (e, na verdade, muitas vezes multiplicada) embora não a tenha recebido.

Agora, por favor, retorne às palavras da minha declaração de que eu "ganharei 100 mil dólares por ano" e faça a si mesmo a seguinte pergunta: "Teria havido alguma diferença se eu tivesse escrito: 'ganharei e RECEBEREI 100 mil dólares por ano'?"

Com franqueza, não sei se teria feito qualquer diferença nos resultados se eu tivesse redigido o meu propósito dessa maneira. Por outro lado, poderia ter feito uma grande diferença.

Quem é tão sábio a ponto de poder afirmar ou negar a declaração de que existe uma lei no universo por meio da qual atraímos aquilo que acreditamos poder alcançar por meio dessa mesma lei; que recebemos o que reivindicamos, desde que a reivindicação seja passível de ser obtida e se baseie em equidade, justiça e um plano claramente definido.

Estou convencido de que é impossível derrotar o propósito de uma pessoa que organiza os seus esforços. A partir dessa organização, este autor alcançou, com impressionante rapidez, a posição a que aspirava na vida, e ele sabe que qualquer pessoa pode fazer o mesmo.

Trabalho e sacrifício são as chaves para o mais elevado sucesso.

Nas minhas palestras públicas ao longo do último ano, imagino que eu tenha declarado, pelo menos mil vezes, que acredito que a pessoa que dedica tempo à construção de um plano que seja sensato e equitativo, que beneficie todos aqueles que afeta e em seguida desenvolva a autoconfiança necessária para conduzi-lo à sua conclusão não poderá ser derrotada.

Jamais fui acusado de ser excessivamente crédulo ou supersticioso. Nunca me deixei impressionar muito pelos supostos milagres, mas sou obrigado a admitir que vi na minha própria evolução, durante os últimos vinte e poucos anos, o funcionamento de certos princípios que produziram resultados aparentemente milagrosos. Observei o desenvolvimento e desdobramento da minha mente, e embora eu não costume ficar profundamente impressionado com qualquer "milagre" cuja causa não consiga identificar, devo admitir que muita coisa aconteceu no desenvolvimento da minha própria mente cuja causa original não consigo detectar.

No entanto, isto é o que eu sei: a minha ação física externa invariavelmente se harmoniza e corresponde à natureza dos pensamentos que dominam a minha mente, dos pensamentos que permito que resvalem na minha mente ou daqueles que deliberadamente coloco nela com a intenção de conferir a eles o domínio sobre as minhas atividades corporais.

A minha experiência demonstrou de maneira conclusiva que o caráter não precisa ser uma questão de oportunidade! O caráter pode ser criado sob medida da mesma maneira que uma casa pode ser construída de maneira a corresponder a um conjunto de plantas previamente traçadas. A minha experiência mostrou de maneira convincente que um homem pode reconstruir o seu caráter em um intervalo de tempo

A milagrosa arte da autossugestão

extraordinariamente breve, que varia de algumas semanas a alguns anos, dependendo da determinação e do desejo com os quais ele se dedica a uma tarefa.

Alguns meses antes de eu dar início a estas lições sobre psicologia aplicada, tive uma experiência que recebeu uma considerável atenção das partes interessadas aqui, na cidade de Chicago. Quando eu estava saindo do elevador no departamento de varejo da A.C. McClurg & Company (na época a maior empresa de livros e material de escritório de Chicago), o ascensorista deixou escorregar a porta do elevador, de modo que fiquei preso entre a porta e a parede do elevador. Além de o acidente me causar muita dor, ele rasgou a manga do meu sobretudo, danificando-o de forma aparentemente irreparável.

Comuniquei o acidente ao gerente da loja, o Sr. Ryan, que cortesmente me informou que eu seria reembolsado pelo dano causado. Passado algum tempo, fui procurado por um agente da companhia de seguros que examinou o meu sobretudo e me pagou pelo dano. Depois que o valor foi acertado e todas as partes envolvidas ficaram satisfeitas, levei o sobretudo ao meu alfaiate que fez um conserto tão perfeito que ninguém conseguiria dizer onde ele havia sido rasgado. A conta do alfaiate foi uma fração da quantia que eu recebera da companhia de seguros.

Por conseguinte, eu estava com um dinheiro que não me pertencia, mas a companhia de seguros estava satisfeita, principalmente, suponho, porque conseguira desembolsar menos da metade do custo de um sobretudo novo. A A.C. McClurg & Company, por sua vez, estava satisfeita porque o dano havia sido compensado pela companhia de seguros que ela contratava, e a questão não lhe custara nada.

Mas eu não estava satisfeito!

Eu poderia usar aquele dinheiro para muitas coisas. Legalmente, o dinheiro me pertencia. Eu estava de posse dele e ninguém jamais poderia questionar o meu direito a ele ou a maneira como o obtivera.

Se a companhia de seguros tivesse sabido que o sobretudo poderia ser consertado com tanta perfeição, provavelmente não teria concordado em pagar uma quantia tão elevada, mas a questão de como seria feito o conserto não poderia ter sido determinada com antecedência.

Tentei convencer a minha consciência de que eu deveria ficar com o dinheiro que sobrara, mas ela se recusou a permitir que eu o conservasse, de modo que, finalmente, encontrei um meio-termo, devolvendo metade da quantia e ficando com a outra, com base na teoria de que eu perdera um tempo considerável com o conserto do sobretudo e também que o reparo poderia aparecer, no futuro. Tive que exagerar consideravelmente os argumentos a meu favor para justificar o fato de eu reter uma quantia maior do que a que eu efetivamente gastara com o conserto.

Quando fui devolver o dinheiro, o representante da McClurg & Company sugeriu que eu simplesmente ficasse com aquela quantia e esquecesse o assunto, mas eu retruquei: "Esse é exatamente o problema; eu gostaria de ficar com ele, mas não conseguiria *esquecer!*"

Eu tinha um sólido motivo para devolver aquele dinheiro, o qual nada tinha a ver com ética ou honestidade. Não tinha nada a ver com os direitos da A.C. McClurg & Company ou da companhia de seguros que estava protegendo a McClurg & Company. Ao tomar a decisão de devolver o dinheiro, em nenhum momento levei em consideração a McClurg ou a companhia de seguros. Elas estavam inteiramente fora da transação porque estavam satisfeitas. O que realmente levei em consideração foi o meu caráter, por saber, como eu sabia, que cada transação estava influenciando a minha base moral, e que o caráter não é nada mais ou nada menos do que a soma dos hábitos e da conduta ética da pessoa. Eu sabia que não poderia me permitir ficar com aquele dinheiro sem antes ter adquirido o direito a ele, assim como um comerciante de maçãs não poderia se permitir colocar uma maçã podre em um barril de frutas perfeitas antes de armazená-lo para o inverno.

Devolvi o dinheiro porque eu queria convencer *a mim mesmo* de que nada poderia ser introduzido no meu caráter, com o meu conhecimento, a não ser aquilo que eu sabia ser correto. Eu o devolvi porque

A milagrosa arte da autossugestão

isso me ofereceu uma esplêndida oportunidade para que eu me testasse e verificasse se eu possuía o tipo de honestidade que existe em prol da conveniência, ou aquele tipo mais profundo e mais nobre que induz a pessoa a ser honesta, a fim de se tornar mais forte e mais capaz de servir.

Estou convencido de que se os nossos planos se basearem em sólidos princípios econômicos; se forem imparciais e justos para com todos os que eles afetam; e se formos capazes de apoiar esses planos na força dinâmica do caráter e da crença no eu que se origina nas transações que podem satisfazer a consciência, prosseguiremos em direção ao sucesso, com a ajuda de uma tremenda corrente de força que nenhum poder no mundo é capaz de interromper, força essa que poucos podem interpretar ou compreender corretamente.

O poder consiste no conhecimento organizado, controlado e dirigido para fins com base na justiça e equidade para com todos que são afetados. Existem duas classes de poder humano. Uma delas é alcançada por meio da organização das faculdades individuais e a outra por intermédio da organização de pessoas que trabalham em harmonia visando um objetivo comum. O poder só pode existir por meio da organização inteligentemente coordenada.

Você só poderá organizar as suas faculdades individuais se utilizar o princípio da autossugestão, pelo simples motivo de que só poderá utilizar ou conferir um poder dinâmico às suas faculdades, emoções, intelecto, poder de raciocínio ou funções corporais se reunir todos esses, correlacioná-los e empenhá-los em prol de um plano.

A única maneira de desenvolver um plano, seja ele grande ou pequeno, na sua mente, é por meio do princípio da autossugestão.

A mente se assemelha a um esplêndido jardim, no sentido de que dará frutos que correspondem exatamente à natureza dos pensamentos que dominam a mente, quer esses pensamentos sejam deliberadamente colocados ali e lá sejam mantidos até lançarem raízes e crescerem, quer meramente penetrem sorrateiramente nela como muitas ervas daninhas, que ocupam o espaço sem serem convidadas.

Não há como escapar dos efeitos dos seus pensamentos dominantes. Não existe a menor possibilidade de pensar em fracasso, pobreza e desânimo e, ao mesmo tempo, desfrutar o sucesso, a riqueza e a coragem. Você pode escolher o que prende a atenção da sua mente; por conseguinte, pode controlar o desenvolvimento do seu caráter, o qual, por sua vez, ajuda a determinar o caráter das pessoas que você atrairá. A sua mente é o ímã que atrai os seus companheiros, a posição que você ocupa na vida. Portanto, é seu dever magnetizar a mente apenas com pensamentos que atrairão o tipo de pessoa com quem você quer se associar e a posição na vida que deseja alcançar.

A autossugestão é a base sobre a qual e por meio da qual uma personalidade atraente é formada, pelo motivo que o caráter se desenvolve e passa a se assemelhar aos pensamentos dominantes que habitam a mente e estes, por sua vez, controlam a ação do corpo.

Quando você utiliza o princípio da autossugestão, está pintando uma imagem ou traçando um plano que servirá de diretriz para a sua mente subconsciente. Depois que aprender a concentrar ou fixar adequadamente a atenção nesse processo de elaboração de um plano, você poderá se comunicar instantaneamente com a mente subconsciente, e esta colocará os seus planos em ação.

Os iniciantes precisam repetir sem parar o resumo dos seus planos antes que a mente subconsciente assuma o controle deles e os transforme em realidade. Por isso, não fique desanimado se não obtiver resultados instantâneos. Somente aqueles que alcançaram a maestria são capazes de instantaneamente se comunicar com a sua mente subconsciente e dirigi-la.

Ao encerrar esta lição, quero lembrá-lo de que por trás desse princípio da autossugestão há algo importante que você não deve negligenciar, que é o desejo vigoroso, arraigado e altamente emocional. O desejo é o início da operação mental. Você pode criar na realidade física praticamente qualquer coisa que consiga desejar com uma emoção profunda e intensa.

A milagrosa arte da autossugestão

O desejo profundo é o início de todas as realizações humanas. A autossugestão é meramente o princípio por meio do qual esse desejo é comunicado à mente subconsciente. Você provavelmente não precisará se afastar da sua própria experiência para provar que é relativamente fácil adquirir aquilo que desejamos intensamente.

Na próxima lição, vamos tratar do assunto da sugestão e lhe mostrar como usar a sua personalidade dinâmica e atraente depois de você tê-la desenvolvido por meio da autossugestão. A sugestão é a base da arte de vender bem-sucedida.

CAPÍTULO OITO

A sugestão:
mais eficaz do que uma exigência

Na lição anterior, aprendemos o significado da autossugestão e os princípios por meio dos quais ela pode ser usada. Autossugestão significa sugerir alguma coisa a si mesmo. Passamos agora ao nosso próximo princípio da psicologia, que é o seguinte:

A sugestão é um princípio da psicologia por meio do qual podemos influenciar, conduzir e controlar a mente dos outros. É o principal princípio utilizado na publicidade e na arte de vender. É o princípio por meio do qual Marco Antônio sensibilizou a turba romana naquele magnífico discurso, delineado em The Psychology of Salesmanship [A psicologia da arte de vender] *(de autoria de Napoleon Hill).*

A sugestão difere da autossugestão de uma única maneira: nós a usamos para influenciar a mente dos outros, ao passo que utilizamos a autossugestão para influenciar a nossa própria mente.

A sugestão é um dos princípios mais sutis e poderosos da psicologia. A ciência mostrou que por meio do uso destrutivo desse princípio, a vida pode efetivamente ser aniquilada, enquanto todos os tipos de doenças podem ser eliminados por meio do seu uso construtivo.

O óleo de hortelã diante da plateia

Em numerosas ocasiões, demonstrei da seguinte maneira o extraordinário poder da sugestão diante das minhas turmas de psicologia aplicada:

Pego um frasco de sessenta mililitros com o rótulo "Óleo de hortelã" e digo brevemente que desejo demonstrar o poder do olfato. Em seguida, segurando o frasco diante da turma para que todos possam vê-lo, explico que ele contém óleo de hortelã e que algumas gotas derramadas no lenço que tenho na mão penetrarão na extremidade mais distante da sala em cerca de quarenta segundos. Em seguida, tiro a rolha do frasco e derramo algumas gotas no lenço, fazendo, ao mesmo tempo, uma careta para indicar que o odor é muito forte. Peço então aos membros da turma que levantem a mão tão logo sintam o primeiro sinal do aroma de hortelã.

As mãos começam a subir rapidamente até que, em alguns casos, 75% da classe levantam a mão.

Pego então o frasco, bebo lenta e tranquilamente o seu conteúdo, e digo que ele continha apenas água! Ninguém sentiu o cheiro de hortelã! Foi uma ilusão olfativa, produzida inteiramente por meio do princípio da sugestão.

Na pequena cidade onde fui criado, havia uma velha senhora que se queixava constantemente de que tinha medo de morrer de câncer. Desde que consigo me lembrar, ela alimentava essa convicção, certa de que cada pequena dor imaginária era o início do câncer que ela vinha esperando havia muito tempo. Vi várias vezes ela colocar a mão no seio e dizer: "Tenho certeza de que um câncer está se desenvolvendo aqui." Ela sempre punha a mão no seio esquerdo, o lugar onde acreditava que o câncer atacaria.

Enquanto redigia esta lição, recebi a notícia de que essa senhora havia morrido de câncer na mama esquerda, exatamente no lugar onde colocava a mão enquanto mencionava o seu receio!

Se a sugestão pode efetivamente transformar as células saudáveis do corpo em parasitas que dão origem ao câncer, você não consegue imaginar que ela é capaz de eliminar células doentes do corpo e substituí-las por células saudáveis?

Se é possível convencer uma plateia, por meio do princípio da sugestão, a sentir cheiro de óleo de hortelã quando um frasco de água é desarrolhado, você não consegue enxergar as extraordinárias possibilidades que existem para o uso construtivo desse princípio em cada tarefa legítima que você executar?

A mortífera farsa da guilhotina

Há alguns anos, um criminoso foi condenado à morte. Antes da execução, ele foi submetido a uma experiência que demonstrou de forma contundente que a morte poderia efetivamente ser produzida por meio do princípio da sugestão. Esse criminoso foi levado para a guilhotina, teve os olhos vendados, colocaram a sua cabeça debaixo da lâmina e deixaram cair uma tábua pesada sobre o seu pescoço, produzindo um choque semelhante ao da lâmina da guilhotina. Água morna foi então derramada delicadamente no seu pescoço, imitando o sangue que ressudaria da ferida. Em sete minutos, os médicos declararam o criminoso como morto. A imaginação dele, por meio do princípio da sugestão, havia efetivamente transformado a tábua de borda afiada na lâmina de uma guilhotina e feito com que o seu coração parasse de bater.

Cada caso de cura de doenças por praticantes da "cura mental" é consumado por meio do princípio da sugestão. Tomamos conhecimento por intermédio de pessoas bem informadas que muitos médicos estão usando menos remédios e mais sugestão mental ao tratar dos doentes. Dois médicos que são membros da minha família me informaram que estão usando mais "pílulas de pão" do que usavam há alguns anos. Um deles me contou um caso no qual um dos seus pacientes ficou livre

A sugestão: mais eficaz do que uma exigência

de uma violenta dor de cabeça em poucos minutos ao tomar o que imaginava ser uma aspirina, mas que era, na realidade, um tablete de farinha branca.

A hipnose opera inteiramente por meio do princípio da sugestão. Ao contrário do que comumente se acredita, uma pessoa pode ser hipnotizada sem o seu consentimento. A verdade é que é a mente da pessoa e não a do hipnólogo que produz o fenômeno que chamamos de hipnose.

Tudo o que o hipnólogo pode fazer é "neutralizar" a mente consciente da pessoa e depois colocar na mente subconsciente dela as sugestões desejadas. Ao dizer "neutralizar" a mente, estamos nos referindo ao ato de sobrepujar ou tornar impotente a mente consciente da pessoa. Voltaremos a esse assunto e explicarei alguns dos métodos por meio dos quais é possível tornar a mente consciente impotente ou inoperante, mas primeiro vamos compreender o método por meio do qual a hipnose é produzida, como descrito nas palavras de um hipnólogo:

"Após conversar amigavelmente com os clientes, às vezes durante uma ou duas horas, a respeito da deficiência que desejam eliminar, familiarizando-me completamente com as suas propensões ou pensamentos dominantes e, acima de tudo, adquirindo a sua confiança, peço a eles que assumam uma posição reclinada confortável em um divã e depois dou seguimento a uma conversa reconfortante, como a seguinte, com o objetivo de produzir uma impressão monótona nos olhos e ouvidos.

"Gostaria que você contemplasse este diamante (ou escolho qualquer objeto conveniente na linha de visão) de uma maneira sonhadora e apática e com um olhar vazio e inexpressivo, sem pensar em nada, sem concentrar a mente ou focar o olho nele, relaxando os músculos oculares de maneira a que o objeto tenha um contorno desfocado. Não olhe da maneira como você normalmente olha quando quer enxergar distintamente um objeto próximo. Mais precisamente, olhe através da pedra e para além dela, como você olharia para uma árvore morta que se erguesse entre você e uma paisagem distante que estivesse contemplando.

"Não faça nenhum esforço, pois não há nada que você possa fazer para provocar o estado mental que estamos buscando. Não fique especulando sobre o que vai acontecer, porque nada vai acontecer. Não fique apreensivo, desconfiado ou receoso. Não deseje que alguma coisa ocorra nem observe para ver o que poderá ocorrer — tampouco procure analisar o que está acontecendo na sua mente. Você é tão negativo, preguiçoso e indiferente quanto consegue ser sem tentar sê-lo.

"Você deve esperar os sinais familiares da aproximação do sono, e eles estão todos associados à falência dos sentidos e à inatividade do cérebro — pálpebras pesadas, ouvidos relutantes, músculos e pele indiferentes aos estímulos da temperatura, umidade, penetrabilidade etc. Essa deliciosa sensação de 'entorpecimento' faz as suas pálpebras ficarem pesadas e mergulha os seus sentidos no 'esquecimento', e você cede ao impulso quando as cortinas caem entre você e o mundo exterior de luz e cor.

"E os seus ouvidos buscam compartilhar essa letargia com os outros sentidos. Assim como a escuridão é o sono dos olhos, o silêncio é o repouso dos ouvidos, que asseguram o silêncio insensibilizando-se para as impressões sonoras. O som da minha voz perde o interesse para você, e toda a energia e todo o conflito parecem retroceder em uma distância misteriosa. Um grato sentimento de entrega a uma influência agradável à qual você não pode e não desejaria resistir desce sobre você e envolve todo o seu corpo em um abraço prazeroso, e você fica fisicamente feliz. O sono revigorante se apoderou de você."

A partir do que foi exposto, você viu claramente que a primeira tarefa do hipnólogo é tornar impotente a mente consciente. (Com "mente consciente", estamos nos referindo ao segmento da mente que usamos quando estamos acordados.) Depois de a mente consciente ter sido "neutralizada" ou tornada inoperante, parcial ou integral-

A sugestão: mais eficaz do que uma exigência

mente, o hipnólogo manipula o cliente ou participante por meio de sugestões feitas diretamente à sua mente subconsciente. A mente subconsciente faz o que é instruída a fazer. Ela não faz perguntas e age em função das impressões sensoriais que chegam até ela por meio dos cinco sentidos. A razão, que opera por intermédio da mente consciente, fica de vigia nas horas em que estamos acordados, defendendo as vias de acesso da visão, do olfato, do paladar, do tato e da audição, mas no momento em que vamos dormir ou ficamos semiconscientes por algum motivo, essa proteção se torna inoperante.

Uma pessoa pode ser submetida a vários graus de hipnotismo por meio do princípio da sugestão. O hipnólogo profissional, que se apresenta no palco, geralmente obtém o controle da mente dos participantes, levando-os a fazer as coisas mais humilhantes e incoerentes. Existe um grau muito mais leve de hipnotismo ao qual as pessoas podem ser submetidas e por meio do qual podem ser controladas sem que estejam conscientes desse fato. É para esse grau "invisível" ou imperceptível de hipnose que desejamos dirigir a sua atenção, porque é o grau habitualmente mais praticado pelos amadores naqueles que decidem controlar ou influenciar.

Quer os participantes estejam sob um completo controle hipnótico ou apenas parcialmente influenciados, é preciso que uma condição esteja presente na sua mente: a credulidade. O hipnólogo, seja ele profissional ou amador, precisa colocar primeiro essas pessoas em um estado de credulidade anormal antes de dirigirem ou controlarem a mente delas.

Em outras palavras, antes que qualquer mente possa ser influenciada pela sugestão, ela precisa primeiro ser "neutralizada". Isso nos leva de volta à questão da descrição dos métodos por meio dos quais a mente pode ser "neutralizada".

Em outras palavras, vamos mostrar agora como você pode fazer uma aplicação prática do princípio da sugestão, mas devemos avisá-lo primeiro de que esse procedimento lhe trará sucesso ou fracasso, felicidade ou infortúnio, de acordo com o uso que fizer dele!

Os segredos dos adivinhos fraudulentos

A melhor maneira que tenho de descrever o que quero dizer com "neutralizar" a mente é relatando um caso que esclarece de forma bastante concreta esse significado. Há alguns anos, a polícia prendeu uma gangue de vigaristas que estava operando centros de "clarividência" e "adivinhação" na cidade de Chicago. O chefe dessa rede de estabelecimentos fraudulentos era um homem chamado Bertsche. O esquema envolvia travar conhecimento com pessoas de posses, supersticiosas e crédulas que iam a esses locais para que lessem a sua sorte e, por meio de uma série de manipulações mentais que irei descrever, roubar o dinheiro delas.

A "vidente" ou mulher responsável por um desses estabelecimentos de adivinhação fraudulentos descobria os segredos dos seus clientes, a extensão das suas finanças, do que era composta sua riqueza e todos os outros dados necessários. Não era difícil obter essas informações, já que a atividade do estabelecimento de adivinhação consiste em aconselhar as pessoas em questões de negócios, amor, saúde etc. As vítimas adequadas eram localizadas dessa maneira e as informações reunidas e passadas para o chefe da "instituição clarividente", o Sr. Bertsche.

Na ocasião mais oportuna, a "vidente" aconselhava a sua vítima a se consultar com um empresário confiável e que estivesse livre do tipo de preconceito comum nas "relações consanguíneas ardilosas", ao mesmo tempo dizendo que a vítima logo conheceria esse homem. Como era de se esperar, pouco tempo depois, o Sr. Bertsche, "por acaso", se encontra no estabelecimento de adivinhação fraudulento se consultando com "Madame Vidente" em assuntos de investimento e negócios em geral e, também "por mero acaso", a vítima é apresentada a ele.

"Ele é um homem muito rico", informa a "vidente" confidencialmente à vítima. Ela revela também a informação de que ele é um homem "generoso" que adora ajudar outras pessoas a serem bem-sucedidas nos negócios. O Sr. Bertsche está impecavelmente vestido e aparenta ser rico e próspero. Ele trava conhecimento com a vítima, tem uma conversa agradável com ela e se despede apressado porque tem um encontro importante com o "Sr. Morganbilt".

Na vez seguinte em que a vítima vai ao estabelecimento de adivinhação, ele ou ela (eles enganavam ambos os sexos com igual sucesso) provavelmente veria o Sr. Bertsche "acabando de sair para uma reunião com o abastado Sr. Vandermorgan". Ele passa rapidamente pela vítima, demonstrando pouca deferência por ela. Essa performance se repete várias vezes, até que a vítima supera a sua cautela e começa a achar que o Sr. Bertsche é um homem ocupado e que tem pouco tempo para dedicar aos outros.

Finalmente, depois de a vítima ter passado pelo primeiro grau de manipulação mental e estar sentindo que um convite para jantar da parte do Sr. Bertsche seria um enorme privilégio, este fará então o convite. A vítima será conduzida a um clube ou bistrô exclusivo onde fará uma refeição que custará mais do que os gastos semanais de uma pessoa típica. A conta é paga pelo anfitrião, o Sr. Bertsche, que foi apresentado como "juiz" fulano de tal, e que aparentemente está nadando em dinheiro e tentando não acumulá-lo.

O Sr. Bertsche tem no bolso uma ficha onde estão anotadas todas as fraquezas, excentricidades e peculiaridades da vítima, a qual foi minuciosamente analisada. Se ela é aficionada por cachorros, esse fato é verificado e registrado. Se adora cavalos, isso também está anotado.

O jogo começou! Se, por exemplo, a vítima gosta de cavalgar, o afável, rico e bem cuidado Sr. Bertsche providenciará para que um dos seus puros-sangues seja colocado à disposição da vítima. Se ela gosta de automóveis, o Packard do Sr. Bertsche estará aguardando na porta.

A forma de entretenimento irá variar, de acordo com as preferências da vítima, e as despesas são sempre pagas por aquele que é agora um "amigo de confiança", o Sr. Bertsche. Essa linha de procedimento é mantida até que a mente da vítima esteja completamente neutralizada! Em outras palavras, até que ela pare de desconfiar de qualquer coisa que possa acontecer, ser dita ou até mesmo sugerida. O afável Sr. Bertsche se insinuou completamente na confiança da vítima, e tudo isso aconteceu, é claro, devido a um mero "encontro acidental". Em alguns casos, o Sr. Bertsche manipularia a vítima durante seis meses antes de chegar ao momento oportuno de atacar, e não raro o custo do entretenimento e da "preparação do terreno" atingiria centenas e até mesmo milhares de dólares.

De acordo com os relatos dos casos que vieram à luz, algumas das vítimas de Bertsche chegaram a desembolsar 50 mil dólares "investindo" em empreendimentos sem valor, por recomendação dele, ou devido a um comentário "casual" de que ele tinha recursos investidos em um determinado negócio que estava lhe pagando um retorno considerável. Certa ocasião, ele exibiu casualmente um cheque de 10 mil dólares referente a "dividendos" que acabara de receber de um investimento de apenas 20 mil dólares em uma falsa corporação. Veja bem, ele era esperto demais para tentar convencer as suas vítimas a investir em um desses falsos empreendimentos, já que conhecia bem demais a natureza humana para fazer isso; ele era apenas um pouco "descuidado" ao deixar vazar informações de vez em quando que a vítima poderia facilmente captar e utilizar.

A *sugestão* é mais eficaz do que uma exigência ou pedido direto. A sugestão sutil é um poder maravilhoso, e o "abastado" Sr. Bertsche sabia exatamente como aplicá-la. Dizem que, certa vez, a sua vítima, uma velha senhora, se tornou tão crédula que efetivamente sacou uma grande quantia do banco, levou-a para o Sr. Bertsche e tentou, em vão, fazer com que ele a investisse para ela. Ele mandou a mulher embora, dizendo-lhe que ele próprio tinha um excesso de dinheiro que gostaria de aplicar, mas não havia nenhuma oportunidade naquele momento. O afável Sr. Bertsche se recusou a fazer o que a mulher estava pedindo porque ele a estava manipulando tendo em vista um golpe maior. Ele sabia quanto dinheiro ela tinha, e pretendia ficar com tudo, de modo que a mulher ficou agradavelmente surpresa quando o Sr. Bertsche lhe telefonou dizendo que ela "talvez tivesse a chance" de investir em um

A sugestão: mais eficaz do que uma exigência

bloco de ações muito valiosas, desde que pudesse comprar o bloco inteiro. Ele não podia garantir que ela conseguiria, mas ela poderia tentar. E ela tentou! E uma hora depois o dinheiro estava no bolso de Bertsche.

Examinamos todos esses detalhes para lhe mostrar exatamente o que significa tornar a mente "neutra". Tudo o que é preciso para neutralizar a mente e prepará-la para aceitar qualquer sugestão e agir de acordo com ela é a extrema credulidade, ou uma credulidade maior do que aquela que o indivíduo manifesta normalmente. É óbvio que existem milhares de maneiras de neutralizar a mente de uma pessoa e prepará-la para receber qualquer semente que desejemos plantar ali por meio da sugestão. Não é necessário tentar enumerá-las, porque você pode extrair da sua própria experiência tudo o que precisa para ter um conhecimento prático do princípio e do seu método de aplicação.

Em alguns casos, poderão ser necessários meses para preparar a mente de uma pessoa para receber o que deseja colocar nela por meio da sugestão. Em outros, alguns minutos ou até mesmo poucos segundos podem ser suficientes. No entanto, é importante que você aceite como um fato positivo que não pode influenciar a mente de uma pessoa que sinta antipatia por você, ou que não tenha uma fé e confiança implícitas em você. O primeiro passo a ser dado, portanto, quer você esteja pregando um sermão, vendendo uma mercadoria ou defendendo um caso diante do júri, é conquistar a confiança de quem quer que você deseje influenciar.

Como Marco Antônio, um famoso advogado, um grande gerente e Napoleão usavam a sugestão

Leia o extraordinário discurso de Marco Antônio no enterro de César, nas obras de Shakespeare, e verá como uma turba hostil foi completamente desarmada por Marco Antônio por meio do mesmo princípio que estamos descrevendo nesta lição.

SEGREDOS PARA A PROSPERIDADE

Vamos analisar o início desse maravilhoso discurso, pois nele pode ser encontrada uma insuperável lição em psicologia aplicada. A turba ouvira Brutus declarar o seu motivo para matar César e foi influenciada por ele. Marco Antônio, amigo de César, entra agora no palco para apresentar o seu lado do caso. Inicialmente, a turba mostra-se contra ele, e, além disso, está esperando que ele ataque Brutus. No entanto, Marco Antônio, sendo o brilhante psicólogo que é, não faz nada disso. Ele diz: "Amigos, romanos, concidadãos, emprestem-me os ouvidos. Vim enterrar César, não louvá-lo."

A turba esperava que ele estivesse lá para louvar o seu amigo César (o que é verdade), mas ele não tinha a menor intenção de tentar fazer isso enquanto a mente da turba não tivesse sido neutralizada e preparada para receber favoravelmente o que ele pretendia dizer. Se o plano sobre o qual o discurso de Marco Antônio fora construído tivesse sido invertido, e ele tivesse se referido desdenhosamente a Brutus como um homem "honrado" no início, é bem provável que tivesse sido assassinado pela multidão.

Um dos advogados mais capazes e bem-sucedidos que jamais conheci usa a mesma psicologia que Marco Antônio empregava ao se dirigir a um júri. Certa vez, eu o ouvi discursar para um júri com palavras que me levaram a acreditar, por alguns minutos, que ele estava embriagado ou que tinha, de repente, perdido o juízo.

Ele começou enaltecendo as virtudes dos seus adversários, aparentemente ajudando-os a comprovar o argumento deles contra o seu cliente. Começou seu discurso dizendo: "Vejam bem, senhores do júri, não quero assustá-los, mas vários pontos relacionados com este caso estão contra o meu cliente", e passou então a chamar atenção para cada um deles. (De qualquer modo, é claro, esses pontos haviam sido enfatizados pelo advogado da outra parte.)

Depois de seguir nessa linha de raciocínio durante algum tempo, ele parou, de repente, e, com um profundo efeito dramático, declarou o seguinte: "No entanto, isso é o que a outra parte tem a dizer a respeito deste caso. Agora que sabemos quais são as alegações dela, vamos nos

A sugestão: mais eficaz do que uma exigência

voltar para o outro lado do caso." A partir desse ponto, esse advogado manipulou a mente desses jurados como um violinista tocaria as cordas do seu instrumento e, em 15 minutos, conseguiu fazer a metade deles derramar lágrimas. No final da sua exposição, ele se deixou cair na cadeira, aparentemente dominado pela emoção. Os membros do júri se retiraram e, em menos de meia hora, retornaram com um veredicto a favor do seu cliente.

Se esse advogado tivesse começado por expor o lado fraco do argumento do seu oponente e ressaltado cedo demais para os jurados os méritos da sua própria argumentação, ele teria, sem dúvida, sido derrotado. No entanto, como vim a saber mais tarde, esse advogado era um estudioso de Shakespeare. Ele usava a psicologia de Marco Antônio em quase todos os seus casos, e dizem que ele perdeu menos casos do que qualquer outro advogado na comunidade na qual exercia a profissão.

Esse mesmo princípio é utilizado pelos profissionais de venda bem-sucedidos, que não apenas se abstêm de criticar os seus concorrentes, como efetivamente se esforçam para tecer grandes elogios a eles. Ninguém deve se considerar um profissional de vendas consumado enquanto não tiver dominado a psicologia de Marco Antônio e aprendido a aplicá-la. Esse discurso é uma das grandes lições jamais escritas sobre a arte de vender. Se um profissional de vendas perde uma venda, a probabilidade é de 99 para um que ele a tenha perdido devido à falta de uma preparação adequada da mente do comprador em perspectiva. Ele, sem dúvida, passou um tempo excessivo tentando "fechar" a venda e muito pouco tempo "preparando" a mente do comprador para receber sugestões sem questioná-las ou resistir a elas!

A mente humana é complicada. Uma das suas características é o fato que todas as impressões que chegam ao segmento subconsciente são registradas em grupos que se harmonizam e estão aparentemente estreitamente relacionados. Quando uma dessas impressões é chamada à mente consciente, ela tem a tendência de trazer todas as outras com ela. Por exemplo, um único ato ou palavra que faça surgir um sentimento de dúvida na mente de uma pessoa é suficiente para atrair para a sua mente consciente todas as experiências que fizeram com que ela ficasse insegura. Por meio da lei da associação, todas as emoções, experiências ou impressões sensoriais que chegam à mente são registradas juntas, de modo que a recordação de uma tem a tendência de trazer à tona as outras.

Assim como uma pedrinha, quando atirada na água, dá origem a uma sequência de ondulações que rapidamente se multiplicam, a mente subconsciente tem a tendência de trazer à consciência todas as emoções ou impressões sensoriais associadas ou estreitamente relacionadas que ela tem armazenadas quando uma delas é ativada. Despertar um sentimento de dúvida na mente de alguém tende a trazer à tona todas as experiências causadoras de dúvida que essa pessoa já teve. É por isso que os profissionais de vendas bem-sucedidos se esforçam para permanecer afastados de assuntos que possam estimular a "sequência de impressões de dúvida" do comprador. O vendedor hábil aprendeu há muito tempo que criticar um concorrente tem a possibilidade de fazer vir à mente do comprador certas emoções negativas que podem tornar impossível a tarefa de "neutralizar" a sua mente.

Esse princípio se aplica e controla todas as emoções e todas as impressões sensoriais alojadas na mente humana. Tomemos o sentimento do medo, por exemplo; no momento em que permitimos que uma única emoção relacionada com o medo chegue à mente consciente, ela traz consigo todos os seus parentes desagradáveis. Um sentimento de coragem não poderá demandar a atenção da mente consciente enquanto ela abrigar um sentimento de medo. Um sentimento precisa suplantar o outro. Eles não podem coabitar porque não se harmonizam. Todo pensamento mantido na mente consciente tem a tendência de arrastar para si todos os outros pensamentos relacionados ou que se harmonizam com ele. É possível perceber, portanto, que os sentimentos, pensamentos e emoções que reclamam a atenção da mente consciente são amparados por um exército regular de soldados que os apoiam e permanecem de prontidão para ajudá-los no seu trabalho.

A sugestão: mais eficaz do que uma exigência

Se você colocar na mente, por meio do princípio da sugestão, a ambição de ter sucesso em qualquer empreendimento, verá a capacidade latente despertar e o poder aumentar automaticamente. Se incutir na mente de uma criança, por meio do princípio da sugestão, a ambição de se tornar um advogado, médico, engenheiro ou empresário bem-sucedido, e mantiver afastadas todas as influências contrárias, verá essa criança alcançar a meta desejada.

É muito mais fácil influenciar uma criança por meio da sugestão do que um adulto, porque a mente da criança não contém tantas influências antagônicas que podem destruir o processo de "neutralizar" a mente, e as crianças são naturalmente mais crédulas do que as pessoas mais velhas.

A grande avenida em direção ao sucesso nas áreas da organização e da administração reside no princípio da sugestão. O superintendente, supervisor, gerente ou presidente de uma organização que deixa de compreender e usar esse princípio está se privando da força mais poderosa quando se trata da influência.

Um dos gerentes mais capazes e eficientes que já conheci foi um homem que nunca criticava os membros da sua equipe. Pelo contrário, ele constantemente os lembrava de como eram competentes! Ele adotou a prática de andar entre eles, parando aqui e ali para apoiar a mão no ombro de algum funcionário e elogiá-lo pelo seu progresso. Por pior que fosse o trabalho de um homem, esse gerente nunca o censurava. Como ele colocava constantemente na mente dos membros da sua equipe, por meio do princípio da sugestão, a ideia de que estavam melhorando, eles captaram a sugestão e foram pronta e eficazmente influenciados por ela.

Certo dia, esse gerente parou na bancada de trabalho de um homem cuja ficha mostrava que a qualidade do seu trabalho estava diminuindo. Esse homem estava trabalhando por peça produzida. Pondo a mão no ombro do funcionário, o gerente disse: "Jim, acho que o seu trabalho está muito melhor do que na semana passada. Você parece estar conferindo um ritmo dinâmico aos seus colegas. Estou feliz por isso. Vá em frente, meu rapaz, você sempre pode contar com o meu apoio!"

SEGREDOS PARA A PROSPERIDADE

Isso aconteceu por volta da uma hora da tarde. Naquela noite, a folha de registro de Jim mostrava que a sua produção havia efetivamente aumentado 25% em relação à véspera!

Se alguém duvida de que maravilhas podem ser executadas por meio do princípio da sugestão, é porque não dedicou tempo suficiente ao estudo do princípio para compreendê-lo.

Você já notou que a pessoa simpática, entusiástica, animada e sociável se sai melhor como líder em qualquer empreendimento do que aquela que é mais sóbria? Sem dúvida deve ter reparado que a pessoa rabugenta, mal-humorada e não comunicativa nunca consegue atrair as pessoas ou influenciá-las. O princípio da sugestão está constantemente em ação, quer estejamos conscientes dele ou não. Por meio desse princípio, que é tão imutável quanto a lei da gravidade, influenciamos incessantemente aqueles que nos cercam, levando-os a absorver o espírito que irradiamos e a refletir esse espírito em tudo o que fazem.

Seguramente você deve ter notado como uma pessoa irritada lança uma sombra de descontentamento sobre os outros. Um agitador ou desordeiro pode perturbar toda uma força de trabalho e logo tornar o serviço de todos inútil. Por outro lado, a pessoa animada, otimista, leal e entusiástica influenciará uma organização inteira e irá contagiá-la com esse espírito.

Quer o saibamos, quer não, estamos constantemente passando para os outros as nossas emoções, sentimentos e pensamentos. Na maioria dos casos, fazemos isso inconscientemente. Na nossa próxima lição, vamos lhe mostrar como utilizar o grande princípio da sugestão, de forma consciente, por meio da lei da retaliação.

Na próxima lição, vamos lhe mostrar como "neutralizar" a mente e como levar as pessoas a trabalhar em completa harmonia com você, por meio do princípio da sugestão.

Nesta lição, você aprendeu algo a respeito de um dos principais princípios da psicologia, que é a sugestão. Aprendeu que a manipulação desse princípio encerra dois passos:

A sugestão: mais eficaz do que uma exigência

Primeiro, você precisa "neutralizar" a mente da pessoa antes de poder influenciá-la por meio de pensamentos que deseja incutir nela, por meio da sugestão.

Segundo, para "neutralizar" a mente de alguém, você precisa produzir nela um estado de credulidade maior do que aquele que a pessoa mantém normalmente.

Afortunada é a pessoa que controla o egoísmo e o desejo de autoexpressão a ponto de estar disposta a transmitir ideias para os outros sem insistir em lembrar a eles a origem dessas ideias. Aquele que começa uma declaração com "Como você naturalmente sabe, Sr. Smith", em vez de "Vou lhe dizer uma coisa que você não sabe, Sr. Smith", sabe como usar o princípio da sugestão.

Um dos profissionais de venda mais capazes que já conheci era um homem que raramente assumia o mérito por qualquer informação que transmitia para os seus compradores em perspectiva. Ele sempre dizia: "Como você certamente já sabe etc." O próprio esforço que algumas pessoas fazem para nos impressionar com o seu conhecimento superior funciona como uma barreira negativa difícil de superar no processo de tornar a nossa mente "neutra". Em vez de "neutralizar" nossa mente, essas pessoas despertam nossa antipatia e impossibilitam que o princípio da sugestão atue para nos influenciar.

Como um clímax condizente com esta lição, vou citar um artigo escrito pelo Dr. Henry R. Rose, intitulado "The Mind Doctor at Work" [O médico da mente em ação]. Essa é a mais clara elucidação do tema da sugestão que já vi, e ela confirma plenamente tudo o que descobri na minha pesquisa sobre o assunto.

Este artigo constitui a melhor lição sobre sugestão com que já me deparei: "Se a minha mulher morrer, não vou mais acreditar em Deus." A mulher dele estava com pneumonia, e foi assim que ele me recebeu quando cheguei à sua casa. Ela havia mandado me chamar. O médico havia lhe dito que ela não se recuperaria. Ela havia chamado o marido e os dois filhos à sua cabeceira e se despedira deles. Em seguida, pediu que eu, o seu pastor, fosse convocado. Encontrei o marido na sala de estar soluçando e os filhos fazendo o possível para reconfortá-lo. Fui até o quarto para ver a sua esposa. Ela respirava com dificuldade e a enfermeira me disse que ela estava muito melancólica. Logo descobri que a Sra. N havia mandado me chamar para pedir que eu olhasse pelos seus filhos quando ela se fosse. Eu então lhe disse: "Você não deve desistir. Você não vai morrer. Você sempre foi uma mulher forte e saudável, e não acredito que Deus queira que você morra e deixe os seus filhos aos meus cuidados ou aos de qualquer outra pessoa."

Tive uma conversa assim com ela e, em seguida, li o Salmo 103 e fiz uma oração na qual a preparei para ficar curada e não para ingressar na eternidade. Eu lhe disse que colocasse a sua fé em Deus e lançasse a mente e a vontade contra todos os pensamentos relacionados à morte. Em seguida, eu a deixei, declarando que voltaria depois do serviço na igreja. Isso aconteceu em um domingo de manhã. Quando voltei, à tarde, o marido me recebeu com um sorriso, dizendo que no momento em que fui embora, a sua mulher chamara a ele e os filhos ao quarto e dissera: "O Dr. Rose afirma que eu vou ficar boa, e é isso que vai acontecer."

Ela de fato se recuperou. Mas qual foi a causa da recuperação? Duas coisas: a sugestão da minha parte e a confiança da parte dela. Cheguei no momento oportuno, e tão grande era a fé que ela tinha em mim, que fui capaz de inspirar a fé nela. Essa fé foi o fator decisivo que a fez vencer a pneumonia. Nenhum remédio pode curar a pneumonia. Os médicos admitem isso. Existem casos de pneumonia que nada é capaz de curar. Todos concordamos tristemente com isso. Mas existem ocasiões, como nesse caso, em que a mente, se manipulada da maneira correta, virará a maré. Enquanto há vida, há esperança; mas a esperança precisa ser suprema e fazer o bem que a esperança foi criada para fazer.

Eis outro caso extraordinário: um médico me pediu que eu fosse visitar a Sra. H. Ele me disse que não havia nada organicamente errado com a paciente, mas que ela simplesmente se recusava a comer. Tendo chegado à conclusão de que não conseguia reter nada no estômago, a Sra. H. simplesmente parara de comer e estava lenta e literalmente morrendo de fome. Fui vê-la e descobri, em primeiro lugar, que ela não tinha nenhuma crença religiosa. Perdera a fé em Deus. Descobri também que ela não tinha confiança no seu poder de reter a comida. O meu primeiro empenho foi restaurar a fé dela no Todo-Poderoso e fazê-la acreditar que Ele estava com ela e lhe concederia poder. Em seguida, eu lhe disse que ela poderia comer qualquer coisa. É bem verdade que ela tinha muita confiança em mim, e a minha declaração a impressionou. Começou a comer naquele mesmo dia! Em três dias, ela saiu da cama, pela primeira vez, em várias semanas. Hoje, a Sra. H. é uma mulher normal. O que causou isso? As mesmas forças que as do caso precedente: a sugestão exterior e a confiança interior.

Existem ocasiões em que a mente fica doente e faz o corpo adoecer. Nesses momentos, ela precisa de uma mente mais forte para curá-la concedendo-lhe orientação e, especialmente, confiança em si mesma. Isso se chama sugestão. Consiste em transmitir a sua confiança e poder para outra pessoa com força suficiente para fazer com que ela acredite no que você deseja e faça o que você quer. Não precisa ser hipnotismo. Você pode obter resultados maravilhosos com pacientes bem despertos e perfeitamente racionais. Eles precisam acreditar em você, e você precisa conhecer o funcionamento da mente humana para se familiarizar completamente com os argumentos e questionamentos apresentados, e expulsá-los inteiramente dos pensamentos deles. Cada um de nós pode ser um agente de cura desse tipo, ajudando assim os nossos semelhantes.

Os homens e as mulheres têm agora o dever de ler alguns dos melhores livros sobre o poder da mente e aprender as coisas incríveis e magníficas que a mente pode fazer para manter as pessoas em boas condições ou restabelecer a saúde delas. Vemos as coisas horríveis que o modo de pensar errado pode fazer às pessoas, chegando até mesmo a deixá-las completamente loucas. Não está na hora de descobrirmos as coisas boas que o modo de pensar correto pode fazer, bem como o seu poder de curar não apenas os distúrbios mentais como também as doenças físicas?

Não estou dizendo que a mente pode fazer tudo. Não existe nenhuma evidência confiável de que certas formas de câncer tenham sido curadas pelo pensamento, pela fé ou por qualquer processo mental ou religioso. Eu me sentiria um criminoso se levasse qualquer leitor a negligenciar os primeiros sintomas dessa terrível enfermidade pensando em superá-los por meio da sugestão mental. Mas a mente pode conseguir fazer tantas coisas com um número tão grande de indisposições e doenças humanas que deveríamos recorrer a ela mais do que fazemos.

Napoleão, durante a sua campanha no Egito, circulou entre os seus soldados que estavam morrendo às centenas por causa da peste negra. Ele tocou em um deles e ergueu um segundo, para inspirar os outros a não terem medo, porque a terrível doença parecia se disseminar igualmente tanto pela imaginação quanto de várias outras maneiras. Goethe nos diz que esteve em um local tomado por uma febre maligna e não a contraiu por ter exercido a sua vontade. Esses gigantes entre os homens sabiam algo que estamos lentamente começando a descobrir: o poder da autossugestão. Isso significa que temos influência sobre nós mesmos ao acreditar que não podemos contrair uma doença ou ficar indispostos. Alguma coisa na operação da mente automática se eleva acima dos micróbios da doença e os desafia quando decidimos não permitir que a ideia deles nos amedronte ou quando temos contato com os doentes, até mesmo com os que apresentam risco de contágio, sem a menor preocupação.

A imaginação certamente matará um homem. Existem registros de casos autênticos de homens que efetivamente morreram porque imaginaram que a sua veia jugular havia sido cortada com uma faca, quando, na realidade, o corte havia sido feito com um pedaço de gelo e água derramada depois para que pudessem ouvi-la e imaginar que o sangue estava exsudando do ferimento. Os seus olhos haviam sido vendados antes de o experimento começar. Por melhor que você esteja se sentindo

A sugestão: mais eficaz do que uma exigência

quando for trabalhar pela manhã, se todos aqueles que encontrar lhe disserem que a sua aparência não está boa, você não demorará a se sentir doente e, se as coisas continuarem assim pelo resto do dia, você chegará em casa à noite em péssimo estado pensando em procurar um médico. Esse é o poder fatal da imaginação ou da autossugestão.

A primeira coisa, portanto, é lembrar que o que ludibria a sua imaginação pode manipulá-lo, e ficar vigilante. Não se permita pensar que coisas ruins estão acontecendo ou vão acontecer com você, porque, se fizer isso, você vai sofrer.

Não é raro que jovens estudantes de medicina pensem que contraíram cada doença que foi discutida ou analisada em sala de aula. Alguns deles têm uma imaginação tão vívida que efetivamente são acometidos pela doença. Sim, uma doença criada pela imaginação é perfeitamente possível e pode ser tão dolorosa quanto uma doença contraída de alguma outra maneira. A dor imaginária é tão dolorosa quanto qualquer outro tipo de dor. Nenhum remédio pode curá-la; ela precisa ser removida por meio da imaginação.

O Dr. Schofield descreve o caso de uma mulher que tinha um tumor. Eles a puseram na mesa de operações e a anestesiaram. Pasmem, o tumor imediatamente desapareceu. Nenhuma cirurgia foi necessária. Mas quando ela voltou à consciência o tumor ressurgiu! O médico ficou sabendo então que a mulher estava morando com um parente que tinha um tumor de verdade, e a imaginação dela era tão forte que ela imaginara que também tinha um. A mulher foi colocada novamente na mesa de operações, anestesiada e depois enfaixada para que o tumor não pudesse voltar artificialmente. Quando ela voltou a si, foi informada de que tinha sido submetida a uma cirurgia bem-sucedida e que teria que ficar com a atadura durante vários dias. A mulher acreditou no médico, e quando a atadura foi finalmente removida, o tumor não voltou. Nenhuma cirurgia havia sido realizada. Ele simplesmente aliviara a mente consciente da paciente, e a imaginação passou a ter apenas a ideia da saúde com que se ocupar, e como a mulher nunca estivera de fato doente, naturalmente permaneceu saudável.

Se o que você pensa e fica remoendo pode até mesmo produzir um falso tumor, não consegue perceber que precisa ter muito cuidado para nunca imaginar que tem qualquer tipo de doença?

A melhor maneira de curar a sua imaginação é à noite, logo ao se deitar. No período noturno, tudo fica na esfera da mente automática (subconsciente), e os pensamentos que você passa para ela antes que a mente diurna (a mente consciente) adormeça continuam a atuar a noite inteira no subconsciente. Essa pode parecer uma declaração implausível, mas você pode comprová-la por meio do seguinte teste. Você deseja acordar às sete horas da manhã ou, digamos, em um horário diferente do habitual. Diga para si mesmo antes de dormir: "Preciso acordar às sete horas." Entregue esse pensamento à sua mente automática com absoluta confiança, e você despertará às sete horas. Isso é feito repetidamente, e é feito porque o eu subconsciente está acordado a noite inteira, e quando dá sete horas, ele dá um tapinha no seu ombro, por assim dizer, e o desperta. *Mas você precisa confiar nele.* Se tem alguma dúvida de que o subconsciente não o acordará, essa ideia provavelmente interferirá em todo o processo. A fé no seu mecanismo automático faz com que ele opere exatamente como você determinou antes de adormecer.

Eis um grande segredo que o ajudará a superar muitos defeitos e hábitos deploráveis. Diga a si mesmo que não vai mais se preocupar, beber, gaguejar ou qualquer outra coisa que deseje parar de fazer, e depois entregue a tarefa, à noite, para a mente subconsciente. Faça isso noite após noite, e registre as minhas palavras: você conseguirá o que quer.

Resumo

Aprendemos nesta lição que a sugestão é o princípio por meio do qual podemos influenciar a mente e as ações dos outros.

Descobrimos que a mente atrairá para si o objeto no qual se concentra com mais intensidade. Tomamos conhecimento de que a mente precisa ser "neutralizada" antes de poder ser influenciada pela sugestão, e aprendemos que antes de a mente ser "neutralizada", é preciso existir um estado de crença maior do que o normal.

Aprendemos que o hipnotismo nada mais é do que a sugestão operando em uma mente que foi "neutralizada".

Ficamos sabendo que a sugestão efetivamente destruirá células do corpo e desenvolverá a doença, e também restaurará células do corpo e destruirá os micróbios da doença.

Aprendemos que por meio do princípio da sugestão, podemos levar grande parte de uma audiência a sentir o cheiro de hortelã quando, na realidade, tal odor não está presente no recinto.

Descobrimos que é preciso criar confiança na mente de uma pessoa antes que possamos "neutralizar" a mente dela. Tomamos conhecimento de que a solidariedade humana é um fator poderoso por meio do qual é possível criar a confiança, e que podemos "neutralizar" de imediato a mente da pessoa por quem expressamos uma grande solidariedade ou amor.

Aprendemos que resultados mais desejáveis podem ser obtidos (por meio da sugestão) quando cumprimentamos um trabalhador e o levamos a ter uma boa opinião sobre si mesmo do que quando o repreendemos.

Tomamos conhecimento da tremenda vantagem de colocar nossas ideias e pensamentos na mente de outras pessoas de maneira a fazer com que achem que foram elas que os originaram.

CAPÍTULO NOVE

A extraordinária lei da retaliação

Para conseguir ser famoso ou acumular uma grande fortuna, você precisa da cooperação dos seus semelhantes. Qualquer posição que a pessoa tenha ou fortuna que ela possa adquirir, para ser permanente, necessita da cooperação dos outros.

Seria mais fácil você ir à lua do que permanecer em uma posição respeitável sem a boa vontade da comunidade, e adquirir uma grande fortuna sem o consentimento dos seus semelhantes seria impossível, a não ser que ela seja recebida como herança.

O gozo tranquilo do dinheiro ou de uma posição depende do grau em que você atrai as pessoas. Não é necessário um filósofo perspicaz para perceber que aqueles que desfrutam da boa vontade de todos com quem entram em contato podem ter qualquer coisa que possa ser ofertada por essas pessoas.

Por isso, o caminho em direção à fama e à fortuna — ou a uma das duas — passa pelo coração dos nossos semelhantes.

Pode haver outras maneiras de conquistar a boa vontade dos nossos semelhantes que não envolvam a operação da lei da retaliação, mas, se elas existem, este autor nunca as descobriu.

A extraordinária lei da retaliação

Induza as pessoas a retribuir o que você dá

Por meio da lei da retaliação, você pode induzir as pessoas a retribuir o que você dá para elas. Não existem conjecturas a respeito disso — nenhum elemento de acaso — nenhuma incerteza.

Vamos ver como utilizar essa lei de modo que ela trabalhe a nosso favor, em vez de contra nós. Para começar, sei que não é preciso lhe dizer que a tendência do coração humano é rebater, devolvendo, golpe por golpe, cada incidente de cooperação ou hostilidade.

Se você ofender uma pessoa, pode ter certeza de que, como dois e dois são quatro, ela revidará na mesma moeda. Se for simpático ou fizer alguma gentileza para com alguém, a pessoa retribuirá da mesma maneira. Não dê importância àqueles que não reagem de acordo com esse princípio, porque eles representam a exceção proverbial. De acordo com a lei das médias, a grande maioria das pessoas reagirá de uma maneira bastante inconsciente.

Aqueles que parecem estar sempre zangados se deparam com uma dúzia de pessoas por dia que têm o maior prazer em contrariá-los, fato que você pode facilmente confirmar se algum dia tentou se comportar dessa maneira. Você não precisa de nenhuma prova de que a pessoa com um sorriso no rosto e que sempre tem uma palavra gentil para todo mundo é universalmente apreciada, ao passo que o tipo oposto é geralmente malvisto.

A lei da retaliação é uma força poderosa que atinge todo o universo, constantemente ativando a atração e a repulsa. Você a descobrirá no âmago do fruto do carvalho que cai no chão e, em resposta ao calor da luz solar, irrompe em um minúsculo broto que consiste em duas pequenas folhas que finalmente começam a crescer. O fruto do carvalho atraiu para si os elementos necessários para formar um carvalho adulto forte e resistente.

Ninguém jamais ouviu falar em um fruto de carvalho atraindo qualquer coisa a não ser as células que dão origem ao carvalho adulto. Ninguém jamais viu uma árvore que fosse metade carvalho e metade choupo. O centro do fruto do carvalho só desenvolve afinidade por elementos do carvalho.

Todo pensamento atrai um semelhante

Da mesma forma, todo pensamento que encontra abrigo no cérebro humano atrai elementos compatíveis, sejam eles destrutivos ou construtivos, benignos ou nefastos. Você não pode concentrar a sua mente no ódio e na antipatia e esperar colher o tipo oposto, assim como não poderia esperar que o fruto do carvalho se tornasse um choupo, porque isso simplesmente não se harmoniza com a lei da retaliação.

Em todo o universo, tudo na forma de matéria gravita em direção a determinados centros de atração. Pessoas de intelecto e tendências semelhantes são atraídas umas para as outras. A mente humana só forma afinidades com outras mentes que estejam em harmonia com ela e tenha tendências semelhantes; por isso, a categoria de pessoas que você vai atrair dependerá das tendências da sua mente. Você controla essas tendências e pode conduzi-las em qualquer direção que escolha, atraindo para você qualquer tipo de pessoa que deseje atrair.

Essa é uma lei da natureza. É uma lei imutável que funciona, quer a usemos conscientemente, quer não.

Porque a mente é como a mãe terra

Outra maneira de olhar para essa lei é a seguinte:

A mente humana se parece com a mãe terra, já que ela reproduzirá de maneira semelhante o que quer que seja incutido nela através dos cinco sentidos. A tendência da mente é "retaliar na mesma moeda", retribuindo em igual teor todos os tipos de gentileza, bem como todos os atos de injustiça e indelicadeza. Quer esteja agindo por meio do princípio da sugestão ou da autossugestão, a mente produz uma ação muscular que se harmoniza com as impressões sensoriais que recebe. Por conseguinte, se você gostaria que eu "retaliasse na mesma moeda", pode me levar a fazer isso colocando na minha mente as impressões sensoriais ou sugestões com as quais irei criar a necessária ação muscular apropriada. Ofenda-me ou me desagrade e, em um piscar de olhos, a minha mente produzirá a ação muscular adequada, "retaliando na mesma moeda".

Ao estudar a lei da retaliação, somos conduzidos, em certo grau, ao que poderíamos chamar de campo dos fenômenos mentais desconhecidos — o campo dos fenômenos psíquicos. Os fenômenos descobertos nessa grande área não foram reduzidos a uma ciência, mas isso não nos impedirá de fazer uso prático de certos princípios que descobrimos nessa área, embora não possamos remontar esses princípios à primeira causa. Um desses princípios é um dos que apresentamos anteriormente como o nosso quarto princípio geral da psicologia, a saber, "o semelhante atrai o semelhante".

Nenhum cientista até hoje explicou satisfatoriamente esse princípio, mas permanece o fato de que ele é um princípio conhecido; por isso, assim como usamos de maneira inteligente a eletricidade sem saber o que ela é, vamos também usar de um modo inteligente os princípios da retaliação.

É um sinal animador ver que os autores modernos estão dando cada vez mais atenção ao estudo da lei da retaliação. Alguns dão a ela um nome e outros chamam de maneira diferente, mas todos parecem concordar em que o principal fundamento do princípio é o seguinte: "O semelhante atrai o semelhante!"

As expectativas compensam

O mais recente autor a voltar a atenção para esse assunto foi a Sra. Woodrow Wilson. Eis o artigo que ela escreveu:

"Parece haver uma lei mental que diz, em linhas gerais, que é quase certo que aquilo que ocupa habitualmente a mente toma forma no plano objetivo. Cada um de nós o demonstra dezenas de vezes na própria experiência. Por exemplo, você pode se deparar com uma palavra com a qual não está familiarizado. Até onde você saiba, nunca a viu ou ouviu antes, mas depois que a descobriu passa a encontrá-la repetidamente.

"Esse fato recentemente ocorreu comigo de uma maneira bizarra. Venho lendo muito e fazendo muitas pesquisas a respeito de um assunto que me interessa, mas que, certamente, jamais seria classificado como de grande interesse noticioso. Não me lembro de jamais tê-lo visto mencionado em nenhuma publicação atual, mas depois que comecei a me familiarizar com ele recortei de várias revistas e jornais um grande número de artigos que tratam de uma ou outra fase do assunto.

"Você pode facilmente acompanhar o funcionamento dessa lei, seja ela o que for, até os mínimos detalhes.

"Uma amiga veio me visitar há cerca de dois dias e ficou paralisada na entrada da minha sala de estar.

"'Flores!', exclamou ela. 'Rosas?'

"O seu tom de voz deixou transparecer um horror tão grande que achei que ela estava me reprovando por gastar dinheiro com coisas supérfluas. Ela explicou, contudo, que estava sofrendo de alergia a rosas, a qual aflige, todos os anos, na mesma época, aqueles que se expõem a elas, exatamente como a febre do feno.

"'Ela aparece em junho', disse ela, 'quando as rosas florescem, e até mesmo um sopro da sua fragrância me fará espirrar durante vinte minutos.'

"'É uma doença bastante rara, não é mesmo?', perguntei, depois de ter retirado as flores da sala.

"'De jeito nenhum', retrucou a minha amiga. 'Na verdade, é bastante comum. Metade das pessoas que encontro tem esse tipo de alergia.'

"Veja bem, encontro tantas pessoas quanto ela durante o dia, talvez até mais, e, no entanto, com exceção dela, não conheço ninguém que tenha essa alergia.

A extraordinária lei da retaliação

"Uma vez mais, por que, se pensamos persistentemente em alguma pessoa particular, é bastante provável que tenhamos notícias deia ou topemos com ela não muito tempo depois? Podemos não ter pensado nessa pessoa durante meses ou anos e, no entanto, 'ver a sua sombra no chão'.

"Sei que existem várias explicações para esses fenômenos, mas nenhuma delas é inteiramente satisfatória. O efeito, contudo, é como se nós, inconscientemente, enviássemos mensagens sem fio para o universo e recebêssemos as respostas. O semelhante procura o semelhante.

"Não é provável que isso explique o fato que as pessoas que costumam reclamar estejam sempre bem supridas de material para que possam criar novas reclamações, que as pessoas soturnas tenham muito do que se lamentar, que as pessoas mais irritantes, que parecem estar sempre zangadas, invariavelmente despertem no observador dócil e inocente um intenso desejo de contrariá-las?

"Todos conhecemos pessoas que são naturalmente afortunadas.

"Tudo parece vir até elas sem esforço. Elas não precisam trepar em árvores e colher com dificuldade as frutas nos galhos. Tudo o que precisam fazer é estender a mão e aparar as ameixas que caem direto dentro delas.

"Ouvi recentemente uma mulher se queixando das desigualdades do destino e comparando a sua sorte com a de uma conhecida.

"'Olhe para ela', disse a mulher. 'Eu trabalhei, me preocupei, matutei e planejei durante anos. Tudo o que consigo acontece com um enorme esforço e, em geral, depois de milhares de decepções. Ela, no entanto, embora não tendo nem a metade da minha inteligência e sendo muito menos dedicada ao trabalho, é uma espécie de ímã que atrai todas as coisas boas que passam longe de mim. Não existe justiça neste mundo.'

"Entretanto, ela estava afirmando a justiça da lei enquanto a negava. Conheço a mulher afortunada tão bem quanto conhecia a azarada. A diferença entre as duas era que uma estava sempre esperando o pior e se preparando para ele, enquanto a outra esperava coisas aprazíveis e agradáveis. Ela as tomava como algo natural a ser esperado e as acolhia favoravelmente. Ela estava sempre vendo passarinho verde.

"Há dias, que todos conhecemos muito bem, em que tudo dá errado. Não existe certamente nenhum poder maligno tentando nos frustrar e nos deixar infelizes, embora seja com frequência mais fácil acreditar nisso do que compreender por que uma circunstância perturbadora deveria se seguir a outra do início da manhã até a noite."

Não é preciso ser especialista em psicologia para aceitar a verdade do artigo da Sra. Woodrow Wilson; trata-se de algo que todos já experimentamos, mas é uma verdade à qual a maioria de nós deu pouca ou nenhuma importância.

Como o autor libertou um segredo do coração de outra pessoa

Não é no espírito de irreverência que coloco a oração, a poderosa fazedora de milagres, no grande campo dos fenômenos desconhecidos. Acredito firmemente na prece! Ela fez maravilhas por mim e, no entanto, nada sei a respeito da causa primeira para quem rezamos. Entretanto, disto eu tenho conhecimento: que por meio do empenho constante e persistente, a oração derrubará todos os obstáculos e obrigará problemas aparentemente insondáveis a revelar os seus segredos!

Durante quatro anos, rezei persistentemente pela verdade que estava encerrada no que parecia ser um segredo impenetrável no coração de outra pessoa. Apenas uma mulher tinha conhecimento da informação que eu queria. A própria natureza da informação praticamente precisava que ela permanecesse inviolável para sempre. Mais ou menos no final do quarto ano, avancei uma etapa nas minhas orações, chegando a um ponto onde eu jamais estivera antes: determinei que fecharia os meus olhos e contemplaria uma imagem da informação exata que eu desejava. Por mais estranho que pareça, mal eu tinha fechados os olhos, os contornos da imagem começaram a surgir na minha consciência e, daí a dois ou três minutos, obtive a minha resposta!

A extraordinária lei da retaliação

Isso me pareceu inicialmente tão estranho que acreditei que o que eu vira não passara de uma alucinação, mas não tive que esperar muito para saber a verdade. No dia seguinte, encontrei a pessoa em cujo coração o segredo estava trancado, e ela me disse que, durante quatro anos, uma estranha força estivera pressionando-a interiormente, tentando induzi-la a me contar uma história que ela agora desejava relatar. Essa história continha a informação que eu desejava e pela qual eu rezara durante quatro anos!

Alguns diriam que o Poder Divino produziu esse extraordinário resultado, ao passo que outros se veriam inclinados a explicá-lo por meio da telepatia mental. A minha opinião é que cada vibração de pensamento sobre o assunto produzida na minha mente no momento da oração foi registrada na mente subconsciente da outra pessoa, tendo viajado através das correntes de ar etéreas, assim como as vibrações viajam de um instrumento para outro, e que essas vibrações de pensamento finalmente fizeram com que a mudança alquímica ocorresse na mente dela, resultando na sua decisão de me fornecer a informação que eu desejava. Veja bem, eu disse que acredito que foi isso que aconteceu — quanto à causa original que tornou possível a transmissão do pensamento através do ar, não me arrisco a fazer nenhuma sugestão!

Em outra ocasião, que é oposta à que acaba de ser narrada no que diz respeito ao tempo transcorrido entre o pedido inicial e a sua concretização, alcancei um resultado extraordinário por meio da oração em menos de um minuto e meio. Uma importante transação comercial estava em andamento, e eu fizera uma oferta que fora friamente rejeitada. O homem a quem eu fizera a oferta saiu da sua sala por não mais de um minuto e meio. Enquanto ele estava ausente. Enviei uma mensagem por meio do que chamamos de oração, na qual pedi a reversão do seu ultimato. Ele voltou para a sala e anunciou, sem que eu tivesse dito uma única palavra, que tinha mudado de ideia e que aceitaria a minha oferta.

Antes de deixarmos o tema dos "fenômenos desconhecidos", permita-me lembrá-lo, uma vez mais, de que esse curso de instrução científica não tem nenhuma ligação com qualquer crença religiosa, e que sempre que nos referimos, direta ou indiretamente, a qualquer assunto relacionado com a religião, nós o fazemos apenas para fins de comparação.

Milhões de pessoas encontraram felicidade e satisfação por meio do notável fenômeno que chamamos de oração. Não tenho nenhum desejo de fazer qualquer pessoa deixar de acreditar nela. Pelo contrário, eu faria todo o possível para fortalecer essa crença! Tampouco tenho qualquer intenção de reduzir a oração a um fenômeno puramente científico. O fato de as nossas preces produzirem esses maravilhosos resultados, como sabemos que produzem, por meio do princípio da autossugestão ou da influência de forças divinas externas sobre as quais não temos nenhum controle tem muito pouca importância.

Tendemos a rezar com mais *fé* e *persistência* dirigindo as nossas orações à fonte divina, e isso, por si só, seria uma das razões pelas quais nos abstemos de adotar o princípio científico da autossugestão como uma explicação para o notável fenômeno da oração.

Certo dia, no fim da tarde, eu estava sentado na minha escrivaninha aguardando a Sra. Hill. Os funcionários do escritório já tinham ido embora e eu era a única pessoa na sala. Eu me inclinei para a frente e descansei o rosto nas mãos, cobrindo os olhos com a ponta dos dedos. Veja bem, eu não estava dormindo, porque não ficara nessa posição mais do que trinta segundos. Em seguida, uma coisa estranha aconteceu. Estava quase na hora de a Sra. Hill chegar. Eu a ouvi gritar! Eu a vi ser atropelada por um automóvel. Vi um policial erguê-la da rua e colocá-la na calçada. Vi sangue no rosto dela.

Abri os olhos e olhei em volta. Eu não poderia ter estado sonhando, porque não estava dormindo. Logo ouvi os passos da Sra. Hill. Ela estava agitada e quase sem fôlego. De fato, quase fora atropelada por um carro exatamente no local onde eu a vira. Ela tinha gritado e o policial, com efeito, a levara de volta para a calçada, exatamente como eu o vira fazendo. Além disso, até onde pudemos avaliar, tudo isso aconteceu exatamente no momento em que vi a cena, sentado na minha escrivaninha com os olhos fechados, a um quarteirão de distância da cena!

A extraordinária lei da retaliação

Alguns anos atrás, no estado de Illinois, perto da cidade de Chicago, um fazendeiro saiu de casa pela manhã e começou a caminhar em direção aos seus campos para trabalhar. Ele percorrera apenas uma curta distância quando vivenciou um estranho sentimento que o impelia a arbitrariamente voltar para casa. A princípio, ele não deu atenção a isso, mas o sentimento se tornou mais forte e insistente. Finalmente, ele não conseguiu prosseguir, de modo que deu meia-volta e começou a caminhar em direção a sua casa. Quanto mais se aproximava, mais rápido ele queria andar, até que, por fim, começou a correr. Quando entrou em casa, o homem encontrou a sua filha deitada no chão com a garganta cortada. O agressor tinha ido embora apenas poucos segundos antes de ele chegar.

Não sabemos o que causou esses estranhos fenômenos, a não ser que tenha sido a telepatia mental. Citei esses dois casos porque ambos são reais. Eu poderia mencionar mais de uma dúzia de casos semelhantes que tenderiam a provar a existência da telepatia mental, por meio da qual os pensamentos efetivamente passam de uma mente para outra, assim como a vibração passa de um instrumento para outro por meio da telegrafia. É claro que essas mentes precisam estar harmoniosamente sintonizadas, caso contrário os pensamentos não serão claramente comunicados.

Esses exemplos do que poderíamos chamar de fenômenos desconhecidos são mencionados nesta lição porque queremos que você faça uma pausa e avalie quais são as possibilidades de usar na prática a lei da retaliação, que atua diretamente por meio dos cinco sentidos. Não precisamos depender de fenômenos desconhecidos ou da telepatia mental, que são apenas ligeiramente conhecidos no momento; podemos entrar diretamente em contato com a mente humana e influenciá-la por meio da lei da retaliação e do princípio da sugestão. Esta última é o veículo por meio do qual estabelecemos contato com a mente de outra pessoa, e a lei da retaliação é o princípio por meio do qual plantamos nessa mente a semente que desejamos ver criar raízes e se desenvolver.

Você sabe o que *retaliar* significa! No sentido que estamos usando a palavra aqui, significa "retribuir o semelhante com o semelhante", e não meramente se vingar ou buscar vingança, que é o significado mais comum dessa palavra. Se eu o ofender, você retaliará na primeira oportunidade. Se eu disser coisas injustas a seu respeito, você retaliará na mesma moeda, talvez até em maior grau! Por outro lado, se eu lhe prestar um favor, você retribuirá me prestando um favor ainda maior, se possível.

Desse modo, estamos seguindo o impulso da nossa natureza, por intermédio da "lei da retaliação"! Por meio do emprego adequado dessa lei, posso levá-lo a fazer o que quer que eu deseje que você faça. Se quero que você não goste de mim e tome medidas para me prejudicar, posso alcançar esse resultado infligindo a você o tipo de tratamento ao qual desejo que você me submeta por meio da retaliação. Se almejo o seu respeito, amizade e cooperação, posso obtê-los estendendo a você a minha amizade e cooperação.

Sei que estamos juntos nessas declarações. Você pode compará-las com a sua própria experiência, e verá que elas se harmonizam primorosamente.

Com que frequência você ouviu o comentário: "Aquela pessoa tem uma personalidade maravilhosa."

Com que frequência você conheceu pessoas cuja personalidade cobiçou?

O homem ou a mulher que o atrai por meio de uma personalidade agradável está meramente utilizando a lei da atração harmoniosa ou a lei da retaliação, ambas as quais, quando analisadas, significam que "o semelhante atrai o semelhante".

Se você estudar, compreender e usar a lei da retaliação de uma maneira inteligente, será um profissional de vendas eficiente e bem-sucedido. Quando tiver dominado essa simples lei e aprendido a usá-la, você terá assimilado tudo o que pode ser assimilado a respeito da arte de vender.

A extraordinária lei da retaliação

O passo inicial a ser dado em direção ao domínio dessa lei, e provavelmente o mais importante, é o cultivo do completo autocontrole. Você precisa aprender a aceitar todo tipo de punição e ataque sem retaliar no mesmo nível. Esse autocontrole faz parte do preço que você precisa pagar pelo domínio da lei da retaliação. Quando uma pessoa exaltada começar a difamá-lo e ofendê-lo, merecida ou imerecidamente, lembre-se de que se você retaliar de maneira semelhante, estará sendo arrastado para o nível mental dessa pessoa; por conseguinte, ela o estará dominando!

Por outro lado, se você se recusar a ficar zangado, se conservar a presença de espírito e permanecer calmo e sereno, reterá todas as suas faculdades de bom senso. Pegará a outra pessoa de surpresa. Você estará retaliando com uma arma com a qual ela não está familiarizada; consequentemente, você facilmente conseguirá o domínio.

O semelhante atrai o semelhante! Não há como negar isso! Falando de um modo literal, toda pessoa com quem você entra em contato é um espelho mental no qual você pode ver um reflexo perfeito da sua atitude mental. Como um exemplo da aplicação direta da lei da retaliação, vou citar uma experiência que tive recentemente com meus dois filhos pequenos, Napoleon Junior e James. Estávamos a caminho do parque para alimentar os pássaros e os esquilos. Napoleon Junior tinha comprado um saco de amendoim e James uma caixa de pipoca caramelada. James teve a ideia de provar os amendoins. Sem pedir permissão, estendeu o braço e tentou pegar o saco do irmão. Ele não conseguiu o que queria, e Napoleon Junior "retaliou" com o punho esquerdo, que aterrissou com força no maxilar de James.

Eu disse a James: "Veja bem, filho, você não tentou obter os amendoins da maneira certa. Vou lhe mostrar como consegui-los." Tudo aconteceu tão rápido que eu não tinha a menor ideia do que iria sugerir para James, mas passei algum tempo analisando o ocorrido e elaborando uma atitude melhor do que a que ele tinha adotado.

Pensei então no experimento que eu estivera fazendo com a lei da retaliação, de modo que disse para James: "Abra a sua caixa de pipocas

carameladas, ofereça algumas para o seu irmão e observe o que acontece." Depois de passar um bom tempo tentando convencê-lo a fazer o que
eu sugerira, finalmente consegui persuadi-lo. Em seguida, uma coisa
extraordinária aconteceu, com a qual eu aprendi a minha maior lição na
arte de vender! Antes de Napoleon Junior tocar nas pipocas carameladas, ele insistiu em derramar alguns amendoins no bolso do sobretudo
de James. Ele "retaliou na mesma moeda"! Esse simples experimento
com dois meninos me ensinou mais sobre a arte de lidar com eles do que
eu poderia ter aprendido de qualquer outro modo. A propósito, os meus
filhos estão começando a aprender a manipular a lei da retaliação, o que
evita que travem muitos embates físicos.

Nenhum de nós avançou muito além de Napoleon Junior e James
no que diz respeito à operação e influência da lei da retaliação. Somos
todos apenas crianças crescidas e facilmente influenciados por meio
desse princípio. O hábito de "retaliar na mesma moeda" é tão universalmente praticado entre nós que podemos adequadamente chamá-lo
de lei da retaliação. Se uma pessoa nos dá um presente, nunca ficamos
satisfeitos. Por meio do princípio da retaliação, podemos efetivamente
converter nossos inimigos em amigos leais. Se você tem um inimigo
que deseja transformar em amigo, pode demonstrar a verdade dessa
declaração se se esquecer daquele fardo pendurado no seu pescoço
que chamamos de "orgulho" (obstinação). Adquira o hábito de se dirigir a esse inimigo com invulgar cordialidade. Faça um esforço especial
para obsequiar o seu orgulho de todas as maneiras possíveis. O orgulho pode parecer imutável a princípio, mas gradualmente cederá à sua
influência e "retaliará na mesma moeda"! As brasas mais quentes já
amontoadas sobre a cabeça daquele que o prejudicou são as brasas da
gentileza humana.

Como é verdadeira a declaração de que "só recebemos aquilo que
damos"! Não é o que desejamos que volta para nós e sim o que damos.

Imploro para que você siga essa lei, não apenas visando um ganho
material, mas sim, o que é ainda melhor, tendo como alvo a obtenção da
felicidade e boa vontade com relação a todos os homens.

Esse é, afinal de contas, o único verdadeiro sucesso que devemos almejar alcançar.

Resumo

Aprendemos um grande princípio nesta lição — provavelmente o princípio mais importante da psicologia! Descobrimos que os pensamentos e ações que dirigimos aos outros se assemelham a um eletroímã que atrai para nós o mesmo tipo de pensamento e ação que nós mesmos criamos.

Aprendemos que "o semelhante atrai o semelhante", quer em pensamento, quer na expressão do pensamento por meio da ação física. Tomamos conhecimento de que a mente humana responde na mesma moeda a quaisquer impressões de pensamento que receba. Descobrimos que a mente humana se parece com a mãe terra, já que reproduzirá uma safra de ação muscular que tem a mesma natureza das impressões sensoriais nela inculcadas. Aprendemos que gentileza gera gentileza, e que indelicadeza e injustiça geram indelicadeza e injustiça.

Aprendemos que as nossas ações para com os outros, gentis ou indelicadas, justas ou injustas, voltam para nós em um grau ainda maior! Que a mente humana responde na mesma moeda a todas as impressões sensoriais que recebe; por conseguinte, sabemos o que precisamos fazer para influenciar qualquer ação desejada da parte de outra pessoa. Aprendemos que o "orgulho" e a "obstinação" precisam ser removidos antes que possamos utilizar a lei da retaliação de uma maneira construtiva.

Por que será que quando um homem começa a ganhar dinheiro, o mundo inteiro passa a assediá-lo? Pergunte a qualquer pessoa que você saiba que é financeiramente bem-sucedida, e ela lhe dirá que é constantemente procurada e que oportunidades de ganhar dinheiro lhe são constantemente apresentadas!

"Pois, a quem tem mais será dado, e terá em abundância. Mas a quem não tem até o que tem lhe será tirado" (Mateus 25:29). Eu costumava achar essa citação da Bíblia ridícula, mas é muito verdadeira quando reduzida ao seu significado concreto. Sim, "pois, a quem tem mais será dado"! Se ele "tem" fracasso, falta de autoconfiança, ódio ou falta de autocontrole, a ele essas qualidades serão dadas com uma abundância ainda maior! No entanto, se ele "tem" sucesso, autoconfiança, autocontrole, paciência e persistência, essas qualidades serão aumentadas!

Às vezes, pode ser necessário enfrentar força com força até subjugarmos o nosso oponente ou adversário, mas o momento da queda dele representa uma esplêndida ocasião para completarmos a "retaliação", pegando-o pela mão e mostrando-lhe uma maneira melhor de resolver disputas. O semelhante atrai o semelhante! A Alemanha buscou certa vez banhar a sua espada em sangue humano, em uma implacável incursão de conquista. Como resultado, ela atraiu a "retaliação na mesma moeda" da maior parte do mundo civilizado.

Cabe a você decidir o que quer que os outros façam, e cabe a você levá-los a fazê-lo por meio da lei da retaliação.

CAPÍTULO DEZ

O poder da sua mente camaleônica

Esta lição nos conduz ao próximo princípio geral da psicologia, que iremos apresentar como se segue.

O ambiente: A mente humana tem a clara tendência de absorver o ambiente que nos circunda e de produzir uma atividade corporal que se harmonize com esse ambiente e seja adequada a ele. A mente se alimenta das impressões sensoriais que absorve do ambiente em que vivemos e se torna parecida com elas. A mente parece um camaleão, no sentido que muda de cor para corresponder ao seu ambiente. Somente as mentes mais fortes conseguem resistir à tendência de absorver o ambiente circundante.

O hábito: O hábito se origina do ambiente — de fazer repetidamente a mesma coisa da mesma maneira — de ter reiteradamente os mesmos pensamentos —, e quando ele se forma, lembra o cimento que se ajustou aos seus moldes e é difícil de quebrar.

O pensamento e a ação se formam a partir do material extraído pela mente do ambiente circundante. O hábito os cristaliza em unidades fixas na nossa personalidade e os armazena na mente subconsciente. O hábito pode ser comparado aos sulcos de um velho disco de vitrola, enquanto a mente humana pode ser comparada à agulha que se encaixa no sulco. Quando qualquer hábito é bem formado (por meio da repetição do pensamento ou da ação), a mente tem a tendência de se associar a

149

esse hábito e segui-lo tão de perto quanto a agulha da vitrola segue o sulco no disco.

Começamos a perceber, portanto, a importância de escolher o nosso ambiente com o maior cuidado possível, porque ele é o local de alimentação mental de onde será extraído o material que entrará na nossa mente. O ambiente fornece o alimento e o material a partir dos quais criamos o pensamento, e o hábito cristaliza esse material de forma permanente!

É exatamente por essa razão que, no nosso sistema atual de lidar com os criminosos, criamos um número maior deles do que curamos! Quando os temas do ambiente e do hábito forem mais bem compreendidos, todo o nosso sistema penal passará por uma revisão e transformação bem merecida. Deixaremos de encurralar os homens como gado, todos estigmatizados com a listra da desgraça que os faz lembrar continuamente de que são "criminosos"! Colocaremos os transgressores em um ambiente limpo, em que cada parte dele lhes sugira que estão sendo transformados em seres humanos de valor, em vez de colocá-los onde são constantemente lembrados de que são infratores da sociedade. Nesta era de avanço e inteligência humana, a prisão deveria ser considerada um hospital no qual as mentes pervertidas e perturbadas são tratadas para que voltem ao normal. A antiga ideia da punição para o crime deveria ser substituída pela nova ideia, mais avançada, da cura para o crime. A lei da retaliação, a sugestão, a autossugestão e os outros princípios abordados neste curso vão desempenhar o seu papel para acabar com a punição e adotar a cura como meio de transformar os criminosos e levá-los de volta ao normal.

O sistema de honra, adotado de uma maneira limitada em muitas das nossas instituições penais, representa um passo na direção certa. O sistema de livramento condicional é outro passo à frente. Está se aproximando rapidamente a época em que todo transgressor das leis da sociedade não será enviado para celas de prisão escuras, repugnantes, sórdidas e imundas e sim diretamente para o laboratório do hospital psiquiátrico no qual tanto a mente quanto o corpo do infortunado receberão a atenção e o tratamento adequado.

Essa reforma do sistema prisional será uma das grandes reformas da era atual! E a psicologia será o veículo por meio do qual essa reforma irá operar. Na realidade, depois que a psicologia se tornar uma das matérias regularmente ensinadas nas nossas escolas públicas, as tendências criminosas que a criança em crescimento absorver do ambiente serão eficazmente contrabalançadas por meio dos princípios da psicologia.

Como controlar os hábitos

No entanto, não devemos nos desviar demais dos temas da nossa lição: o hábito e o ambiente. Vamos aprender mais sobre as características do hábito com as seguintes palavras de Edward E. Beals, um dos proeminentes psicólogos do mundo.

O hábito

"O hábito é uma força que é geralmente reconhecida pela pessoa típica que raciocina, mas que comumente só é considerada no seu aspecto adverso. Foi adequadamente mencionado que 'somos todos criaturas de hábito' e que 'o hábito é um cabo; tecemos um fio dele por dia, e ele se torna tão forte que não conseguimos rompê-lo'. Mas essas citações servem apenas para enfatizar o lado da questão no qual as pessoas são apresentadas como escravas do hábito, sofrendo com os seus grilhões limitantes. Essa questão encerra outro aspecto, o qual será analisado neste capítulo.

"Se é verdade que o hábito se torna um tirano cruel, dominando e coagindo as pessoas contra a sua vontade, desejo e inclinação — o que é verdade em muitos casos —, surge naturalmente a questão na mente que raciocina se essa força poderosa não pode ser governada e controlada a serviço da humanidade, como o foram outras forças da natureza. Se esse resultado puder ser alcançado, as pessoas poderão dominar o hábito e utilizá-lo a seu favor, em vez de serem escravas dele e servi-lo fielmente, embora reclamem. E os psicólogos modernos nos dizem, em alto e bom som, que o hábito pode certamente ser dirigido, governado, controlado e utilizado a nosso favor, em vez de ter permissão para dominar nossas ações e nosso caráter. E milhares de pessoas aplicaram esse novo conhecimento, transformando a força do hábito em novos canais e obrigando-o a operar o mecanismo de ação delas, em vez permitir que ele fosse desperdiçado ou eliminasse as estruturas que a espécie humana havia criado com cuidado e despesas, ou destruísse férteis campos mentais.

"O hábito é um 'caminho mental' que as nossas ações percorreram durante algum tempo, cada passagem tornando o caminho um pouco mais profundo e mais largo. Se você tiver que trabalhar em um campo ou uma floresta, sabe como é natural escolher o trajeto mais desimpedido em detrimento daqueles menos usados, e decididamente o escolheria em vez de abrir uma nova trilha através do campo ou da floresta. E ocorre exatamente o mesmo na linha de ação mental. Trata-se de um movimento ao longo das linhas de menor resistência — a passagem sobre o caminho bastante percorrido.

"Os hábitos são criados por meio da repetição e formados de acordo com uma lei natural, observável em toda s os seres animados, e alguns diriam que até mesmo nas coisas inanimadas. Como exemplo dessa afirmação, é assinalado que um pedaço de papel, uma vez dobrado de uma determinada maneira, passará a se dobrar sempre ao longo das mesmas linhas.

"As seguintes regras o ajudarão no seu trabalho de formar novos hábitos:

1. No início da formação de um novo hábito, aplique força à sua expressão da ação, pensamento ou característica. Lembre-se de

O poder da sua mente camaleônica

que você está dando os primeiros passos em direção à criação do novo trajeto mental, o que é muito mais difícil no início do que será mais tarde. Torne o caminho o mais desimpedido e profundo possível no começo, para que você possa vê-lo de imediato na próxima vez que desejar percorrê-lo.

2. Mantenha a atenção firmemente concentrada no novo trajeto que está construindo e os olhos e pensamentos afastados dos velhos caminhos, para que você não se incline na direção deles. Esqueça tudo a respeito dos antigos caminhos e ocupe-se apenas do novo que você está construindo.

3. Use o mais possível o novo caminho que construiu. Crie oportunidades para fazer isso, sem esperar que elas surjam. Quanto mais você transitar no novo trajeto, mais rápido ele se tornará um caminho velho, bastante usado e fácil de percorrer.

4. Resista à tentação de viajar nos caminhos antigos e mais fáceis que você usava no passado. Cada vez que resiste à tentação, mais forte você se torna e mais fácil será resistir da próxima vez. No entanto, cada vez que você cede à tentação, mais fácil se torna ceder de novo, e mais difícil fica resistir da próxima vez. Você enfrentará uma luta no início, e esse é o momento crítico. Demonstre a sua determinação, persistência e força de vontade, aqui, no começo. Como sabem todos os usuários de máquinas de costura ou de outros mecanismos delicados, depois que uma máquina ou instrumento é "amaciado", ele não tende a funcionar sempre assim daí para a frente? A mesma lei também se aplica aos instrumentos musicais. As roupas e as luvas formam vincos de acordo com a pessoa que as usa, e esses vincos, uma vez formados, estarão sempre presentes, por mais que sejam passados a ferro. Os rios e riachos recortam o seu curso através da terra e, depois, fluem ao longo desse curso habitual. A lei está em operação em toda parte.

5. Certifique-se de que você delineou o caminho apropriado — planeje-o bem e veja aonde ele o levará —, e, em seguida, siga

em frente sem medo e sem se permitir duvidar. 'Ponha a mão no arado e não olhe para trás.' Escolha a sua meta e depois crie um caminho mental largo e profundo que conduza diretamente a ela."

As ideias anteriores o ajudarão a formar a ideia da natureza do hábito e a desenvolver novos trajetos mentais — novos vincos mentais. Além disso, lembre-se sempre do seguinte: a melhor (e alguém poderia dizer a única) maneira pela qual os velhos hábitos podem ser removidos é pela formação de novos hábitos que neutralizem e substituam os indesejáveis. Forme novos caminhos mentais para percorrer, e os antigos logo se tornarão menos distintos e, com o tempo, praticamente se fecharão devido ao desuso. Todas as vezes que viaja pelo caminho do hábito mental desejável, você o torna mais profundo e mais largo, e o torna muito mais fácil de percorrer daí para a frente. A criação desse caminho mental é muito importante, e é impossível enfatizar em excesso a necessidade de você começar a trabalhar para criar os caminhos mentais desejáveis que deseja percorrer. Pratique, pratique, pratique — seja produtivo na criação dos seus caminhos.

Há uma estreita semelhança entre o hábito e a autossugestão. Por meio do hábito, um ato repetidamente executado da mesma maneira tem a tendência de se tornar permanente e, com o tempo, passamos a executá-lo automaticamente sem pensar ou concentrar-nos muito nele. Ao tocar o piano, por exemplo, o intérprete pode tocar uma peça com a qual esteja familiarizado enquanto a sua mente consciente se ocupa de outro assunto.

Por meio da autossugestão, como aprendemos em lições anteriores, um pensamento, ideia, ambição ou desejo mantido constantemente na mente demanda, com o tempo, a maior porção da mente consciente e, em consequência, dá origem a uma ação muscular do corpo apropriada com o objetivo de que a ideia assim mantida possa ser transformada em realidade física. Por conseguinte, a autossugestão é o primeiro princípio que usamos na formação de hábitos. Formamos hábitos por meio do princípio da autossugestão, e podemos destruir hábitos usando o mesmo princípio.

Tudo o que você precisa fazer para formar ou eliminar qualquer hábito é utilizar com persistência o princípio da autossugestão. Um mero desejo efêmero não é de jeito algum autossugestão. Uma ideia ou desejo, para se transformar em realidade, precisa ser mantido fiel e persistentemente até começar a assumir uma forma permanente.

Uma dedicação firme, determinada e persistente ao objetivo que você decidiu alcançar se faz necessária. Depois de encontrar o objeto do seu desejo e saber como se concentrar nele, você deve então aprender como ser persistente na sua concentração, objetivo e propósito. Nada se iguala a aderir a alguma coisa. Muitas pessoas são brilhantes, inventivas e esforçadas, mas deixam de atingir suas metas por falta de "aderência". Devemos adquirir a tenacidade do buldogue e recusar-nos a largar uma coisa uma vez que a atenção e o desejo estejam fixados nela. Você deve se lembrar do velho caçador do Oeste que, uma vez que tivesse fixado os olhos em um animal e dito: "Você é a minha comida", nunca abandonava a trilha ou a perseguição desse animal, mesmo que tivesse que rastreá-lo durante semanas, perdendo nesse ínterim a sua comida. Esse homem adquiriria, com o tempo, uma tal faculdade de persistência, que os animais passaram a senti-la como o auxiliar de Davy Crockett, que gritou: "Não atire. Vou tombar sem que você precise fazer isso."

Você certamente conhece a incrível persistência inerente em algumas pessoas que nos impressiona como uma força irresistível quando as conhecemos, e sua determinação persistente tende a causar conflitos. Somos propensos a chamar isso de "vontade", mas trata-se da nossa velha amiga persistência — a faculdade de sustentar firmemente a vontade contra objetos, assim como o trabalhador segura o cinzel contra o objeto na roda, sem nunca diminuir a pressão da ferramenta até que o resultado desejado seja alcançado.

Por maior que seja a vontade de uma pessoa, se ela não tiver aprendido a arte de aplicá-la com persistência, não conseguirá obter os melhores resultados. A pessoa precisa aprender a adquirir aquela dedicação constante, invariável e implacável ao objeto de desejo que possibilitará que ela segure a vontade firmemente contra o objeto até que ele seja adequadamente moldado. Não apenas hoje e amanhã, mas todos os dias até o fim.

Sir Thomas Fowell Buxton disse o seguinte: "Quanto mais eu vivo, mais certo fico de que a grande diferença entre o débil e o poderoso, o grande e o insignificante, é a energia — a invencível determinação —, um propósito uma vez fixado, e depois a morte ou a vitória. Essa qualidade fará qualquer coisa que pode ser feita neste mundo e, na sua ausência, nenhum talento, circunstância ou oportunidade tornará humana uma criatura de duas pernas."

Donald G. Mitchell declarou: "É a determinação que torna uma pessoa inconfundível, não uma determinação insignificante, não uma determinação bruta, não propósitos erráticos — mas aquela vontade forte e infatigável que pisa nas dificuldades e no perigo, como um menino pisa nas terras congeladas ondulantes do inverno, que acende os seus olhos e o seu cérebro com uma orgulhosa pulsação voltada para o inatingível. A vontade produz gigantes."

Disraeli disse: "Por meio de longas meditações, cheguei à convicção de que o ser humano com um propósito definido precisa realizá-lo, e que nada poderá resistir a uma vontade que arriscará até mesmo a existência para a sua realização."

Sir John Simpson afirmou: "Um desejo ardente e uma vontade infatigável podem executar impossibilidades, ou o que pode ser encarado como tal para os apáticos e fracos."

E John Foster adiciona o seu depoimento quando declara: "É maravilhoso como até mesmo os infortúnios da vida parecem se curvar ao espírito que não se curva a eles, e recuam para observar um desígnio que eles podem, na sua primeira tendência aparente, ameaçar frustrar, quando um espírito firme e decisivo é reconhecido; é curioso observar como o entorno desse espírito é desobstruído, deixando espaço e liberdade."

O poder da sua mente camaleônica

Abraham Lincoln fez o seguinte comentário sobre o general Grant: "O que é notável a respeito dele é a serena persistência de propósito. É difícil provocá-lo e ele tem o aperto de um buldogue. Quando ele finca os dentes em alguma coisa, nada consegue fazer com que a solte."

Você poderá contestar dizendo que essas citações estão relacionadas com a vontade e não com a persistência. No entanto, se parar por um instante para refletir, verá que elas têm relação com a vontade persistente, e que a vontade sem persistência não poderia realizar nenhuma dessas coisas atribuídas a ela. A vontade é o cinzel duro, mas a persistência é o mecanismo que mantém o cinzel no lugar, pressionando-o firmemente contra o objeto a ser moldado, e impedindo que ele escorregue ou relaxe a pressão. Você não pode ler com atenção as citações dessas grandes autoridades sem apertar os lábios e posicionar o maxilar, que são os sinais externos da vontade tenaz e persistente.

Se você carece de persistência, deve começar a treinar a si mesmo com o objetivo de adquirir o hábito de aderir às coisas. Essa prática estabelecerá um novo hábito mental e também tenderá a causar o desenvolvimento das células apropriadas do cérebro, proporcionando assim a você, como uma característica permanente, a qualidade desejada que está procurando desenvolver. Focalize a mente nas suas tarefas diárias, estudos, ocupação ou hobbies, e mantenha a atenção nelas, com firmeza, por meio da concentração, até perceber que está adquirindo o hábito de resistir às influências perturbadoras ou à tendência de desviar a atenção do seu foco. Tudo é uma questão de prática e hábito. Carregue na mente a ideia do cinzel mantido firmemente contra o objeto que ele está moldando, apresentada nesta lição, porque ela lhe será muito útil. E leia repetidamente este texto, todos os dias se possível, até que a sua mente abrace a ideia e passe a considerá-la dela. Ao fazer isso, você tenderá a despertar o desejo da persistência, e o resto se seguirá naturalmente, como o fruto segue a florescência da árvore.

A persistência pode ser comparada à água no ditado "água mole em pedra dura tanto bate até que fura". Quando o capítulo final do

157

trabalho da sua vida for escrito, você descobrirá que a sua persistência, ou falta dela, desempenhou um papel importantíssimo no seu sucesso ou fracasso.

Em centenas de milhares de casos, os talentos das pessoas puderam ser correlacionados, um em relação ao outro, com o resultado que não haveria nenhuma diferença visível na sua capacidade de alcançar um objetivo desejado. Uma tem o mesmo grau de instrução que a outra. Uma possui a mesma capacidade latente que a outra. Elas seguem para o mundo com chances iguais de conquistar suas metas, mas uma é bem-sucedida enquanto a outra fracassa! Uma análise cuidadosa mostrará que uma delas alcançou o sucesso por causa da persistência, ao passo que a outra fracassou porque carecia de persistência!

A persistência, a autossugestão e o hábito são um trio de palavras cujo significado ninguém pode se dar ao luxo de deixar de examinar. A persistência é a corda forte que une a autossugestão e o hábito até que eles se fundem e se tornam uma realidade permanente.

Na Primeira Guerra Mundial, o principal valor estratégico da propaganda alemã residia no fato de que ela derrubava o espírito daqueles contra quem se voltava. Em outras palavras, ela destruía a persistência! O prussiano enviado para destruir o autor dessas lições e tornar o seu trabalho educacional sem importância usou amplamente esse princípio de destruir a persistência quebrando o espírito dele. De uma maneira silenciosa e sutil, esse capacitado agente do Kaiser começou a voltar os amigos e parceiros comerciais do autor contra ele. Ele conhecia muito bem a necessidade de destruir o poder da persistência! Esmagar o espírito e derrubar a persistência daqueles que se colocam no caminho é um fator de peso no trabalho propagandista alemão. Destruir o "moral" — em outras palavras, a persistência — de um exército encerra uma importância estratégica de grande valor. Destrua o moral de um exército e você terá derrotado esse exército! A mesma regra se aplica a um grupo menor de pessoas ou a uma única pessoa.

Só podemos desenvolver a persistência por meio da absoluta autoconfiança! É por esse motivo que enfatizamos tanto o valor da lição so-

O poder da sua mente camaleônica

bre autoconfiança e recomendamos essa lição para você como sendo a mais importante da psicologia aplicada.

Essa lição é construída ao redor de uma ideia central, que lhe mostra exatamente como usar qualquer habilidade latente que você tenha e como complementá-la com seja qual for a crença que você tenha no infinito.

Volte a essa lição e reflita sobre ela!

Atrás das suas simples frases, você encontrará o segredo da realização, a chave para os Mistérios de uma indômita força de vontade! Despido de toda tecnicalidade, você encontrará nessa lição "aquele algo sutil" que vitalizará o seu cérebro e enviará um brilho radiante através de todo o seu corpo, aquele algo que fará com que você queira pegar o seu chapéu, sair de casa e fazer alguma coisa!

O maior serviço que um professor pode lhe prestar é fazê-lo despertar o gênio adormecido dentro do seu cérebro e despertar nele a ambição de realizar algum empreendimento meritório! Não é o que a educação ou a escolaridade coloca na sua cabeça que o favorecerá, e sim o que você desperta em si mesmo e põe em prática!

A persistência da sua parte estimulará com o tempo aquele algo indescritível, o que quer que ele seja, e quando ele for despertado, você destruirá todos os obstáculos que encontrar e avançará rapidamente para a realização da sua meta desejada, nas asas desse poder recém-descoberto que você tinha dentro de si o tempo todo, mas não sabia! E uma vez que descubra esse poder irresistível que permanece em espera no seu cérebro, ninguém no mundo conseguirá novamente dominá-lo ou usá-lo como um fantoche. Você terá então descoberto o seu tremendo poder mental, assim como um cavalo descobre um poder físico superior uma vez que consegue fugir. A partir de então, você se recusará a ser subjugado e reprimido por qualquer ser humano!

Se seguir o plano elaborado no tema em torno do qual estas lições são desenvolvidas, certamente encontrará esse grande poder. Você terá recuperado o autocontrole. Terá descoberto o verdadeiro princípio por meio do qual a raça humana, ao longo dos tempos, gradualmente se elevou acima dos animais nos estágios inferiores da evolução.

O ambiente

Como já dissemos, absorvemos as impressões sensoriais do ambiente que nos cerca. O ambiente, no sentido que o usamos aqui, abrange uma área muito ampla. Ele abraça os livros que lemos, as pessoas com quem nos associamos, a comunidade onde vivemos, a natureza do trabalho com o qual estamos envolvidos, o país onde residimos, as roupas que vestimos, as músicas que cantamos e os pensamentos que alimentamos! O propósito da nossa discussão do tema do ambiente é mostrar o seu relacionamento direto com a personalidade que estamos desenvolvendo em nós, e a importância de criar um ambiente a partir do qual possamos desenvolver o "propósito principal" que nos propusemos alcançar!

Como o ambiente molda as nossas ideias

A mente se alimenta do que fornecemos para ela por intermédio do ambiente; consequentemente, vamos escolher o nosso ambiente com o objetivo direto de fornecer à mente um material adequado, com o qual ela levará adiante o seu trabalho de realizar o nosso "propósito principal".

Se não gosta do seu ambiente, mude-o! O primeiro passo a ser dado é criar na sua mente uma imagem exata do ambiente no qual acredita que faria o seu melhor trabalho e do qual provavelmente extrairia os sentimentos e qualidades emocionais que o estimulariam a avançar em direção à meta desejada.

O primeiro passo que você precisa dar em toda realização é criar na mente um esboço ou imagem do que, de fato, pretende construir. Isso é algo que você não pode se dar ao luxo de esquecer! Essa grande verdade se aplica tanto à formação de um ambiente desejável quanto a tudo o mais que você deseje criar.

Nosso ambiente físico

As pessoas com quem você se relaciona diariamente representam a parte mais importante e de maior influência do seu ambiente, seja para o seu progresso ou o seu fracasso. Será extremamente benéfico para você escolher para a sua convivência pessoas que tenham afinidade pelos seus propósitos e ideais, e cuja atitude mental lhe inspire entusiasmo, determinação e ambição. Se, por acaso, você tem na sua lista de contatos frequentes uma pessoa que só enxerga o lado negativo da vida, que está sempre reclamando e choramingando, que fala a respeito do fracasso e das deficiências da humanidade — elimine-a da sua lista o mais rápido possível.

Toda palavra que você escuta, tudo o que atinge os seus olhos e todas as impressões sensoriais que você recebe de qualquer outra maneira influenciam os seus pensamentos com a mesma certeza de que o sol nasce no oriente e se põe no ocidente! Com isso sendo verdadeiro, você não consegue perceber como é importante também controlar, na medida do possível, o ambiente no qual você vive? A importância de ler livros que tratem de assuntos diretamente relacionados com o seu "propósito principal"? Não consegue ver a importância de falar com pessoas que tenham afinidade por você e pelos seus objetivos, pessoas que o estimularão e encorajarão a avançar em direção a uma iniciativa mais importante?

Por meio do princípio da sugestão, cada palavra proferida ao alcance do seu ouvido e tudo o que puder ser divisado pelos seus olhos está influenciando os seus atos. Você está consciente ou inconscientemente absorvendo, assimilando ou incorporando as ideias, pensamentos e atos das pessoas com quem convive. A constante associação com mentes nocivas, moldará, com o tempo, a sua mente em conformidade com elas. Essa é a principal razão pela qual devemos evitar as "más" companhias. O fato de que a associação com pessoas de má reputação o fará ser malvisto pelos outros deveria ser, por si só, razão suficiente para que você evite esses relacionamentos, mas o motivo mais importante pelo qual deveria fazer isso é o fato de estar constantemente absorvendo as ideias das pessoas com quem convive e tornando-as suas!

Os cientistas mais proeminentes do mundo concordam que a natureza vem criando há milhões de anos, por meio do processo da evolução, o nosso ambiente civilizado atual como é representado pelo estado atual de desenvolvimento físico e intelectual. Temos apenas que parar e ponderar que o ambiente fará, em menos de vinte anos, o que a natureza levou, no seu processo de evolução, milhares de anos para realizar, para verificar a poderosa influência do ambiente. Um bebê selvagem, criado pelos pais selvagens, permanece um selvagem; mas esse mesmo bebê, se criado por uma família refinada e civilizada, se liberta das suas tendências selvagens e de praticamente todos os instintos selvagens, absorvendo o ambiente civilizado em uma única geração.

Por outro lado, a raça humana decai com a mesma rapidez com que ascende, por meio da influência do ambiente. Na guerra, por exemplo, soldados refinados que, em circunstâncias usuais, estremeceriam diante da ideia de matar um ser humano, tornam-se assassinos entusiásticos, efetivamente deleitando-se durante o ato. Bastam alguns meses de preparação em um "ambiente de guerra" para fazer um soldado regredir na evolução.

As roupas que você veste também o influenciam, de modo que formam uma parte do seu ambiente. Roupas sujas e surradas o deixam deprimido e diminuem a sua autoconfiança, ao passo que vestimentas limpas, modestas e refinadas lhe conferem uma espécie de sentimento interior de coragem que o faz caminhar de cabeça erguida. Não precisamos mencionar a diferença que existe na maneira como você se sente nas suas roupas de trabalho e nos seus trajes casuais, porque você certamente terá notado muitas vezes essa diferença. Ou você tem vontade de se encolher para fugir das pessoas mais bem vestidas do que você, ou enfrenta as pessoas no mesmo nível, com coragem e autoconfiança. Por conseguinte, não apenas os outros nos julgam em função das nossas roupas, como nós, também, em grande medida, julgamos a

O poder da sua mente camaleônica

nós mesmos de acordo com os trajes que usamos. Prova disso, por exemplo, é o mal-estar e a depressão que sentimos se as nossas roupas íntimas estiverem sujas, mesmo que as outras vestimentas estejam em perfeitas condições e na última moda, e as roupas íntimas não possam ser vistas.

Enquanto estamos abordando o tema das roupas, quero relatar uma experiência que tive certa vez que me fez ver convincentemente o papel importante que as roupas desempenham na coragem mental da pessoa ou na falta dela. Fui convidado certa vez para ir à academia de um conhecido professor de educação física. Enquanto eu estava lá, ele me convenceu a tirar a roupa e fazer uma sessão gratuita. Depois da sessão, quando eu ainda vestia apenas um calção, um assistente me levou à presença dele em um escritório bem mobiliado. Meu amigo, o professor, estava sentado em uma grande mesa de mogno, vestindo um elegante terno. Fiquei constrangido, porque era impossível deixar de notar o enorme contraste entre nós dois naquele momento. Eu me senti como o homem míope que cometeu o erro de sair do seu vestiário e entrar em um salão de baile cheio de gente, pensando que estava entrando em um closet onde estavam as suas roupas.

Não foi por acaso que fui levado à presença desse professor em trajes reduzidos! Ele era um psicólogo e conhecia bem o efeito que ser colocado nessa desvantagem causaria em um possível comprador do seu programa. Em outras palavras, a acolhida tinha sido "encenada", e o principal ator que estava dirigindo a peça com muita eficiência era o homem do outro lado da mesa que vestia roupas adequadas. Nesse cenário, o professor me convenceu a comprar o seu programa. Depois de eu estar novamente vestido com as minhas roupas habituais e no meu ambiente costumeiro, analisei a visita, e pude ver claramente que a venda fora muito fácil para esse homem no cenário que ele havia engenhosamente preparado.

As roupas de qualidade nos afetam de duas maneiras. Primeiro, nos conferem mais coragem e autoconfiança, o que, por si só, justificaria que vestíssemos trajes adequados, mesmo em detrimento

SEGREDOS PARA A PROSPERIDADE

de outra necessidade de menor valor. Segundo, causam uma impressão favorável nos outros. A primeira impressão sensorial que atinge a mente daqueles que encontramos chega até eles por intermédio do sentido da visão, enquanto eles rapidamente nos examinam e avaliam o que estão vendo. Desse modo, as pessoas com frequência formam uma opinião sobre nós, boa, má ou indiferente, antes que pronunciemos uma única palavra, baseadas inteiramente na impressão que as nossas roupas e a maneira como as usamos causam na mente delas.

O dinheiro investido em boas roupas não é um luxo e sim um sólido investimento que pagará os melhores dividendos. Não podemos simplesmente nos permitir negligenciar nossa aparência pessoal, tanto por causa do efeito que ela causará em nós quanto pelo efeito que produzirá naqueles com quem mantemos um contato social, comercial ou profissional. As roupas de qualidade não são uma extravagância — são uma necessidade! Essas declarações se baseiam em princípios cientificamente corretos. A parte mais importante do nosso ambiente físico é aquela que criamos com as roupas que usamos, porque essa parte do nosso ambiente afeta tanto a nós mesmos quanto todos com quem entramos em contato.

Depois das roupas, um fator importante no entorno que constitui o nosso ambiente é o escritório, oficina ou fábrica onde trabalhamos. Experimentos demonstraram de maneira conclusiva que os funcionários são decididamente influenciados pela harmonia presente durante as horas de trabalho, ou pela ausência dela. Uma oficina ou escritório desorganizado, caótico e sujo tende a deixar os funcionários deprimidos e reduzir o entusiasmo e interesse pelas tarefas que executam, ao passo que um local de trabalho bem organizado, limpo e sistemático exerce exatamente o efeito oposto. Os empregadores que, nos anos recentes, vieram a compreender como empregar os princípios da psicologia para aumentar a eficiência dos seus funcionários aprenderam a vantagem financeira de proporcionar oficinas e escritórios limpos, confortáveis e harmoniosos.

O poder da sua mente camaleônica

Sempre que o aumento da eficiência humana ocorre, ele começa na mente humana! Os trabalhadores produzem melhores resultados porque desejam fazer isso! Agora, o problema é descobrir métodos e recursos, dispositivos e equipamentos, ambiente e entorno, atmosfera e condições de trabalho com os quais fazer com que homens e mulheres queiram trabalhar mais e desempenhar um trabalho melhor! O ambiente é a primeira coisa que um "orientador de eficiência" realmente eficiente repara. Não é possível ser um orientador de eficiência competente sem ser também um psicólogo.

Depois de examinar retrospectivamente a minha experiência da infância em uma fazenda, fiquei completamente convencido de que se eu estivesse envolvido hoje com a atividade rural e precisasse depender de meninos que me ajudassem no trabalho, eu providenciaria nas proximidades um campo de beisebol e de outros jogos que os meninos apreciam e, de vez em quando, depois que concluíssemos uma tarefa ou um trabalho predeterminado, iríamos todos jogar uma partida de beisebol ou de outro jogo para criar entusiasmo! Um menino (e quase todos nós somos apenas meninos e meninas que ficamos mais altos) produziria mais e ficaria menos fatigado com esse incentivo do que sem ele. O velho ditado "só trabalho sem diversão faz de Jack um bobão" é mais do que um ditado — é uma verdade científica de peso!

Em algum lugar, em algum momento, algum supervisor, superintendente ou gerente lerá esta lição e enxergará o valor prático de entreter as pessoas enquanto elas trabalham e de proporcionar a elas um ambiente agradável e harmonioso. Não apenas ele ou ela enxergará o valor prático da ideia, como também, o que é ainda melhor, a porá em uso, e isso o conduzirá a uma proeminente liderança!

Talvez você seja esse homem ou essa mulher!

Se você colocou fielmente em prática as sugestões apresentadas na lição sobre a formação da autoconfiança, está, sem dúvida, avançando em direção à liderança. O que você precisa agora é de uma grande ideia com a qual irá concluir a jornada. Você talvez a encontre nestas páginas!

Uma grande ideia é tudo o que qualquer pessoa realmente precisa ou pode utilizar nesta vida. Muitos de nós caminhamos pela vida com uma grande quantidade de pequenas ideias agarradas a nós, mas sem nenhuma ideia realmente grande! É bem provável que você encontre a sua grande ideia em algum tipo de serviço que representará uma ajuda construtiva para os seus semelhantes! Pode ser a ideia de reduzir o custo para o consumidor de alguma necessidade da vida, a de ajudar homens e mulheres a descobrir o maravilhoso poder da mente humana e como utilizá-la ou, ainda, a ideia de ajudar as pessoas a serem mais alegres e felizes no exercício da profissão criando algum plano para melhorar seu ambiente de trabalho. Se não houver a promessa de algum desses resultados, você pode ficar razoavelmente seguro de que não se trata de uma boa ideia.

A que causa mais digna você poderia dedicar a sua vida do que a de ajudar a melhorar o ambiente daqueles que ganham a vida com as mãos? Talvez essa área de atividade nem sempre produza um grande retorno monetário, mas é certo que as pessoas que trabalham nela desfrutam aquele ambiente mental sereno e harmonioso que é sempre vivenciado por aqueles que dedicam a vida ao enobrecimento e esclarecimento da humanidade. A propósito, isso nos conduz a um ponto adequado para discutir a última fase do ambiente, que é o ambiente mental.

Nosso ambiente mental

Estivemos discutindo até este ponto o lado puramente físico do ambiente, como as roupas que vestimos, o equipamento com o qual exercemos a profissão, o local onde trabalhamos, as pessoas com quem convivemos e coisas semelhantes. No entanto, considerando o lado mental e o físico do ambiente, o mental é mais importante. O ambiente mental é representado pela condição na nossa mente. Em última análise, o ambiente físico é apenas a matéria básica a partir da qual criamos o ambiente mental. O exato estado de espírito que existe em qualquer momento considerado, e constitui nosso ambiente mental, resulta de impressões sensoriais que, em alguma ocasião, atingiram a mente a partir do ambiente físico.

Podemos ascender bem acima de um ambiente físico negativo criando na imaginação um ambiente positivo, ou excluindo todos os pensamentos a respeito dele, mas é impossível evitar um ambiente mental negativo — ele precisa ser reconstruído. Criamos todos os impulsos que conduzem à ação física a partir do ambiente mental; por conseguinte, para que as nossas atividades corporais, musculares, sejam sabiamente dirigidas, precisam proceder de um ambiente mental sadio. Portanto, afirmamos que entre o ambiente mental e o físico, o primeiro é mais importante.

Resumo

Descobrimos nesta lição o papel que o ambiente e o hábito desempenham no nosso sucesso ou fracasso. Aprendemos que existem duas fases de ambiente, uma delas mental e a outra física, e que o lado mental é criado a partir do físico. Aprendemos, portanto, a importância de controlar, até onde possível, o ambiente físico, porque ele é a matéria-prima a partir da qual desenvolvemos o ambiente mental.

Aprendemos a criar e destruir um hábito, por meio da persistência e da autossugestão. Tomamos conhecimento de que tanto a autossugestão quanto a concentração desempenham um importante papel na criação de qualquer hábito.

Ficamos sabendo que a tendência da mente humana é absorver o ambiente circundante, o que nos levou a entender, portanto, que o ambiente é a matéria-prima a partir da qual moldamos as nossas ideias e o nosso caráter. Descobrimos que o ambiente no qual vivemos é tão poderoso que uma mente sensata pode absorver tendências criminosas devido à associação inadequada com mentes criminosas, por meio de instituições penais inadequadas e assim por diante.

SEGREDOS PARA A PROSPERIDADE

Aprendemos que as roupas que usamos constituem uma parte importante do nosso ambiente físico, e que influenciam não apenas a nós mesmos como também aqueles com quem entramos em contato, de uma maneira negativa ou positiva, de acordo com a adequação delas.

Tomamos conhecimento da importância de proporcionar aos trabalhadores um ambiente físico agradável e harmonioso, e de como isso resulta em uma maior eficiência.

CAPÍTULO ONZE

Algumas lições que aprendi com os meus "fracassos"

Já ouvi muitas vezes a expressão "Se eu pudesse viver de novo a minha vida, eu a viveria de uma maneira diferente". No entanto, eu não poderia afirmar, com sinceridade, que mudaria qualquer coisa que aconteceu na minha vida se a vivesse de novo. Não que eu não tenha cometidos erros, porque tenho a impressão de que cometi mais erros do que a pessoa típica comete, mas esses erros geraram um despertar que me proporcionou uma verdadeira felicidade e oportunidades abundantes para ajudar os outros a encontrar esse almejado estado mental.

Estou convencido, sem qualquer sombra de dúvida, de que todo fracasso encerra uma grande lição, e que o suposto fracasso é absolutamente necessário para que o sucesso compensador possa ser alcançado.

Estou convencido de que parte do plano da natureza é lançar obstáculos no nosso caminho, assim como o treinador coloca barreiras sobre as quais o cavalo deverá saltar enquanto é treinado para a "marcha", e que a maior parte da instrução de uma pessoa não procede dos livros ou de professores e sim do esforço constante de superar esses obstáculos.

Neste capítulo, farei o possível para descrever para os leitores algumas das lições que os meus fracassos me ensinaram.

Vamos começar com o meu hobby favorito, ou seja, colocar em prática a minha convicção de que a única felicidade que qualquer pessoa jamais vivencia resulta de ela ajudar os outros a encontrar a felicidade. Pode ser mera coincidência o fato de praticamente 25 dos meus 36 anos terem sido muito infelizes, e de eu ter começado a encontrar a felicidade exatamente no dia em que comecei a ajudar os outros a descobri-la, mas não acredito nisso. Creio que seja mais do que uma coincidência, que isso esteja rigorosamente em conformidade com uma lei do universo.

Não há como semear tristeza e colher felicidade

A minha experiência me ensinou que uma pessoa não pode semear tristeza e esperar colher felicidade, assim como não pode semear cardo e esperar colher trigo. Ao longo de muitos anos de análise e estudos meticulosos, aprendi, de uma maneira convincente, que aquilo que damos volta para nós muitas vezes aumentado, até os mínimos detalhes, seja um mero pensamento ou um ato observável.

Do mesmo modo, como eu já disse, a partir de um ponto de vista econômico, material, uma das maiores verdades que aprendi é que é amplamente compensador servir mais e prestar um serviço melhor do que aquele que somos pagos para prestar, porque com a mesma certeza com que isso é feito, é apenas uma questão de tempo para que sejamos remunerados por uma quantidade maior de trabalho do que a que efetivamente executamos.

Essa prática de se dedicar de corpo e alma a todas as tarefas, independentemente da remuneração a ser recebida, favorecerá mais a obtenção do sucesso material monetário do que qualquer outra coisa que eu poderia mencionar. Mas isso dificilmente é menos importante do que o hábito de perdoar e esquecer as injustiças que os outros cometem contra nós. O hábito de revidar as ofensas daqueles que nos encolerizam é uma fraqueza que fatalmente degradará todos os que o praticam e atuará em detrimento deles.

Estou convencido de que nenhuma lição que a minha experiência de vida me ensinou me custou mais do que a que aprendi ao exigir sempre,

Algumas lições que aprendi com os meus "fracassos"

a todo custo, aquilo a que tenho direito e sentir que é meu dever ficar ofendido com cada insulto e injustiça.

Os grandes líderes refreiam a raiva

Estou totalmente convencido de que uma das maiores lições que uma pessoa pode aprender é a do autocontrole. Não poderemos jamais exercer muita influência sobre os outros enquanto não aprendermos primeiro a exercer controle sobre o eu. Isso me parece particularmente importante, quando paro para refletir que quase todos os grandes líderes mundiais foram pessoas que custavam a ficar enraivecidas e que o maior líder de todos os tempos, que nos forneceu a mais notável filosofia que o mundo já conheceu, como ela é formulada na Regra de Ouro, foi uma pessoa tolerante e possuidora de autocontrole.

Estou convencido de que é um erro deplorável as pessoas acharem que o fardo de "reformar" o mundo ou de modificar a ordem natural da conduta humana descansa nos ombros delas. Acredito que os planos da natureza estão se desenvolvendo com bastante rapidez sem a interferência daqueles que ousam tentar acelerar a natureza ou, de alguma maneira, desviar o curso dela. Essa presunção conduz apenas a discussões, disputas e animosidade.

Aprendi, pelo menos de uma maneira satisfatória para mim, que a pessoa que, por qualquer motivo, fica agitada e desenvolve sentimentos de animosidade, não atende a nenhum propósito construtivo na vida. É compensador incrementar e construir em vez de derrubar e demolir.

Quando comecei a escrever artigos para revistas, passei a usar esse princípio dedicando o meu tempo e as páginas editoriais àquilo que é construtivo e deixando de fora o que é destrutivo.

Nada que empreendi nos meus 36 anos de vida se revelou tão bem-sucedido ou me trouxe uma felicidade tão verdadeira quanto o meu trabalho naquela desconhecida revista.

Praticamente desde o dia em que a primeira edição chegou às bancas de jornais, o sucesso coroou os meus esforços com uma abundância maior do que eu jamais esperara. Não necessariamente o sucesso monetário, mas aquele sucesso mais elevado e refinado que se manifesta na felicidade que os artigos da minha revista ajudaram outras pessoas a encontrar.

Descobri, a partir de muitos anos de experiência, que se deixar influenciar e formar uma opinião desfavorável a respeito de outra pessoa por causa de algum comentário feito por um inimigo, ou por alguém que seja claramente parcial, é um sinal de fraqueza. Só podemos verdadeiramente afirmar possuir autocontrole ou a capacidade de pensar com clareza quando aprendemos a formar opiniões sobre os outros a partir de um conhecimento efetivo e não com base no ponto de vista de um terceiro.

Um mau hábito do qual não sinto falta

Um dos hábitos mais prejudiciais e destrutivos que tive que superar foi o de me deixar influenciar e formar uma opinião negativa a respeito de alguém por uma pessoa tendenciosa ou parcial.

Aprendi, depois de cometer repetidamente o mesmo equívoco, que difamar os outros, com ou sem justificativa, é um erro deplorável. Não consigo me lembrar de nenhum desenvolvimento pessoal que eu tenha adquirido com os meus erros que tenha me conferido tanta satisfação quanto a que auferi do conhecimento que eu tinha, em uma certa medida, aprendido a me calar a não ser que pudesse dizer alguma coisa amável a respeito dos meus semelhantes.

Só aprendi a refrear a tendência humana natural de "destroçar os inimigos" depois que comecei a compreender a lei da retaliação, cuja operação nos fará colher o que semearmos, seja por meio do boca a boca ou da ação.

Algumas lições que aprendi com os meus "fracassos"

Não domino de jeito nenhum esse mal, mas pelo menos já dei vários passos em direção à sua conquista.

A minha experiência me ensinou que quase todas as pessoas são inerentemente honestas, e que aquelas que comumente chamamos de desonestas são vítimas de circunstâncias sobre as quais elas não têm pleno controle.

Ao editar as histórias das revistas, foi uma fonte de grande benefício para mim saber que as pessoas têm a tendência natural de viver à altura da reputação que os outros lhes conferem.

Estou convencido de que toda pessoa deveria passar, pelo menos uma vez na vida, pela experiência dolorosa, porém valiosa, de ter sido atacada pelos jornais e perder a sua fortuna, porque é quando a calamidade nos surpreende que aprendemos quem são nossos verdadeiros amigos. Estes permanecem no nosso lado, ao passo que os bajuladores procuram se proteger.

Aprendi, entre outras informações interessantes sobre a natureza humana, que as pessoas podem ser julgadas com bastante precisão com base no caráter daqueles que elas atraem. A velha frase axiomática, "diz-me com quem andas e dir-te-ei quem és", representa uma judiciosa filosofia.

A lei da atração em funcionamento

Em todo o universo, essa lei da atração, como pode ser chamada, atrai continuamente coisas de natureza semelhante. Um grande detetive me disse certa vez que ele contava principalmente com a lei da atração para perseguir e capturar criminosos, bem como os acusados de transgredir a lei.

Aprendi que aqueles que ambicionam ser funcionários públicos precisam estar preparados para fazer muitos sacrifícios e suportar ofensas e críticas sem perder a confiança nos seus semelhantes ou o respeito por eles. É efetivamente raro encontrar uma pessoa empenhada em servir o público cujos motivos não sejam questionados pelas próprias pessoas a quem o trabalho dela mais beneficia.

O maior servidor que o mundo já conheceu não apenas foi alvo da má vontade de muitas das pessoas da sua época — má vontade essa que muitos da era atual herdaram — como também perdeu a vida na barganha. Elas o pregaram em uma cruz, perfuraram o lado do seu corpo com uma espada e o torturaram perversamente cuspindo no seu rosto enquanto a sua vida lentamente se esvaía. Ele nos deu um imenso exemplo a ser seguido nas suas últimas palavras, que, segundo consta, foram as seguintes: "Perdoa-os, Pai, porque não sabem o que fazem."

Quando fico com raiva e sinto o sangue me subindo à cabeça por causa das injustiças que as pessoas me impingem, encontro conforto na coragem e na paciência com que o grande filósofo observou os que o atormentavam enquanto o faziam morrer lentamente sem que ele tivesse praticado nenhum delito, a não ser o de tentar ajudar os seus semelhantes a encontrar a felicidade.

A minha experiência me ensinou que aqueles que acusam o mundo de não lhes dar a chance de ser bem-sucedidos na profissão que escolheram, em vez de apontar o dedo acusador contra si mesmos, raramente encontram o seu nome em alguma lista de pessoas notáveis.

A "chance de ser bem-sucedidos" é algo que todos precisamos buscar e criar por nós mesmos. Na ausência de certo grau de combatividade, as pessoas não tendem a realizar muita coisa neste mundo ou adquirir alguma coisa que os outros cobicem enormemente. Sem combatividade, elas podem facilmente herdar pobreza, sofrimento e fracasso, mas se obtiverem o oposto dessas coisas, precisam estar preparadas para "lutar" pelos seus direitos. Mas notem bem que eu disse "direitos".

Os únicos "direitos" que temos são aqueles que criamos em troca do serviço prestado, e talvez não seja uma má ideia lembrar a nós mesmos que a natureza desses "direitos" corresponderá exatamente à natureza do serviço prestado.

A minha experiência me ensinou que uma criança não pode ser oprimida com uma carga mais pesada, ou ser afligida por uma maldição

Algumas lições que aprendi com os meus "fracassos"

pior, do que aquela que acompanha o uso indiscriminado da riqueza. Uma análise atenta da história mostrará que quase todos os grandes servidores do público e da humanidade foram pessoas que nasceram na pobreza.

O teste da grande riqueza

Na minha opinião, um teste de verdade é dar a alguém uma riqueza ilimitada e ver o que essa pessoa faz com ela. A riqueza que leva embora o incentivo do envolvimento com um trabalho útil e construtivo é uma maldição para aqueles que a usam dessa maneira. A pessoa não precisa se precaver contra a pobreza e sim contra a riqueza e o poder resultante criado por ela, para bons ou maus propósitos.

Considero ter sido uma grande sorte eu ter nascido na pobreza, embora nos meus anos mais maduros eu tenha me associado estreitamente com pessoas ricas; dessa forma, tive uma demonstração bastante satisfatória do efeito dessas duas posições amplamente separadas. Eu sei que não precisarei me observar muito de perto enquanto me vir diante das necessidades costumeiras da vida, mas caso eu viesse a ficar muito rico, seria essencial que tomasse medidas para que isso não eliminasse o desejo que tenho de servir os meus semelhantes.

A minha experiência me ensinou que uma pessoa normal pode realizar qualquer coisa possível com a ajuda da mente humana. A coisa mais notável que a mente pode fazer é imaginar! O suposto gênio é meramente uma pessoa que criou alguma coisa definida por meio da imaginação e depois transformou essa imagem em realidade por meio da ação.

Aprendi tudo isso, e um pouco mais, ao longo dos últimos 36 anos. Mas a coisa mais importante que aprendi é aquela antiquíssima verdade que os filósofos nos revelaram ao longo dos séculos, ou seja, que não encontramos a felicidade no que possuímos e sim no serviço proveitoso!

Essa é uma verdade que só conseguimos valorizar quando a descobrimos por nós mesmos.

Pode ser que haja muitas maneiras pelas quais eu poderia encontrar uma felicidade maior do que aquela que recebo em troca do trabalho que dedico à edição da minha revista. No entanto, com franqueza, ainda não as descobri e tampouco espero fazê-lo.

A única coisa que me ocorre que poderia me conferir um grau maior de felicidade do que o que já tenho seria servir a um número maior de pessoas por meio dessa mensagem de alegria e entusiasmo.

Nunca ouvi falar em Napoleon Hill!

Creio que vivi o momento mais feliz da minha vida algumas semanas atrás enquanto fazia compras em uma loja em Dallas, no Texas. O rapaz que estava me atendendo era bastante sociável, comunicativo e inteligente. Ele me descreveu tudo o que estava acontecendo na loja — me concedendo uma espécie de visita "aos bastidores", por assim dizer — e acabou por me contar que o seu gerente havia deixado os funcionários muito felizes naquele dia ao lhes prometer formar um Clube de Psicologia da Regra de Ouro e a assinatura de uma das minhas revistas, como cortesia da loja. (Não, o vendedor não sabia quem eu era.)

É claro que fiquei interessado, e lhe perguntei quem era esse Napoleon Hill a respeito de quem ele estivera falando. Ele me olhou, perplexo, e retrucou: "Você está querendo dizer que nunca ouviu falar em Napoleon Hill?" Confessei que o nome de fato me parecia bastante familiar, mas perguntei ao rapaz o que havia levado o gerente da loja a presentear cada funcionário com uma assinatura anual da minha revista, e ele respondeu o seguinte: "Porque uma única edição mensal da revista converteu um dos homens mais rabugentos da loja em um dos mais agradáveis, e o meu chefe disse que, se a revista conseguiu fazer isso, ele queria que todos a lêssemos."

Algumas lições que aprendi com os meus "fracassos"

Não foi a adulação do meu lado egoísta que me deixou feliz quando apertei a mão do jovem e lhe disse quem eu era, e sim a alegria do meu lado emocional mais profundo que é sempre afetado em todo ser humano quando ele descobre que o seu trabalho está trazendo felicidade para outras pessoas,

Esse é o tipo de felicidade que modifica a tendência humana usual para o egoísmo e ajuda no trabalho da evolução de separar, nos seres humanos, os instintos animais da intuição humana.

Sempre argumentei que as pessoas deveriam desenvolver autoconfiança e que deveriam se autopromover nesse sentido. Vou demonstrar que pratico o que prego com relação a esse assunto afirmando audaciosamente que, se eu tivesse um público do tamanho daquele do jornal semanal *The Saturday Evening Post* — o qual eu poderia atingir mensalmente por meio da minha revista —, conseguiria realizar mais nos próximos cinco anos ao influenciar as pessoas a se relacionarem baseadas na Regra de Ouro do que todos os outros jornais e revistas combinados conseguiram realizar nos últimos dez anos.

O número de dezembro próximo da revista *The Golden Rule* assinala o fim do meu primeiro ano de publicação, e sei que os meus leitores não interpretarão as minhas palavras como uma fútil ostentação quando eu lhes disser que as sementes que plantamos nessas páginas ao longo desses 12 meses estão começando a germinar e se desenvolver por todos os Estados Unidos, Canadá e outros países. Alguns dos maiores filósofos, professores, pregadores e empresários da nossa época não apenas prometeram o seu sincero apoio moral, como também fizeram um esforço especial para conseguir assinaturas para nós a fim de ajudar a promover o espírito de boa vontade que estamos preconizando.

Minha tendência de criticar detalhes

É de causar surpresa que o seu humilde editor esteja feliz?

Existem pessoas com muito mais riquezas materiais a exibir nos seus 36 anos de experiência do que eu, mas não tenho medo de desafiar todas elas a mostrar uma abundância maior de felicidade do que aquela que desfruto em decorrência do meu trabalho.

É claro que pode ser apenas uma circunstância insignificante, mas para mim é bastante importante que a maior e mais profunda felicidade que já experimentei tenha tido lugar depois que comecei a publicar essa revista.

"O homem colhe aquilo que semeia." Sim, é uma frase da Bíblia e é uma sólida filosofia que sempre funciona. E a minha experiência demonstrou convincentemente que isso é verdade.

Há cerca de 15 anos, quando me ocorreu pela primeira vez possuir e editar uma revista, a minha ideia foi atacar tudo o que era nocivo e criticar severamente tudo o que me desagradava. Os deuses do destino devem ter interferido para impedir que eu fizesse isso naquela ocasião, porque tudo o que aprendi confirma plenamente a filosofia anteriormente mencionada.

Como ficar muito feliz no período de festas!

Permita-me sugerir um simples serviço que você pode prestar e que deveria lhe trazer, e provavelmente trará, uma grande felicidade e, ao mesmo tempo, fará outras pessoas felizes. No período de festas, compre alguns cartões de Natal e Ano Novo.

Escreva algumas mensagens nesses cartões, de próprio punho, e depois as envie pelo correio — *não para os seus amigos,* mas para os seus inimigos! Remeta um cartão para todas as pessoas por quem você já teve antipatia e para todas aquelas que acredita já terem antipatizado com você. O texto que você escrever em cada cartão deverá ser adequado à pessoa para quem o está enviando.

Não vai doer fazer isso, e poderá beneficiá-lo bastante. Uma coisa é certa: essa ação o fará sentir que está sendo mais generoso, tolerante e compassivo nesse período de festas do que você jamais foi anteriormente.

Algumas lições que aprendi com os meus "fracassos"

Hoje em dia, mais do que nunca, devemos fazer concessões. Temos motivos suficientes para modificar a nossa atitude para com os nossos semelhantes. Isso tornará o mundo um lugar melhor para viver. De qualquer maneira, você não está satisfeito consigo mesmo, e esse é um estado saudável, porque nenhuma pessoa normal jamais está plenamente satisfeita. É natural que você queira fazer algumas mudanças no seu ambiente e nos seus hábitos visando o futuro.

Não seria possível que o melhor que você poderia fazer agora seria começar a cultivar, com uma firme determinação, a tolerância, a solidariedade, o perdão e um sentimento de justiça para com todos os seus semelhantes, tanto aqueles que o desagradam quanto aqueles de quem você gosta?

Não seria uma excelente ideia começar a cultivar de imediato o hábito da autossuficiência, da alegria e da consideração pelos outros, sabendo, como você seguramente saberá se parar para pensar, que essas mesmas qualidades se refletirão naqueles com quem você entrar em contato e que elas, com o tempo, repercutirão em você em um grau muito maior?

Livre-se do Tio Patinhas

Todos já fomos um dia bitolados, egoístas e sovinas. Alimentamos a nossa mente com ódio, ceticismo e desconfiança. Desejamos mal aos nossos semelhantes e rimos quando eles estavam em dificuldades. Vamos esquecer agora esses erros que cometemos no passado e, apenas uma vez, mesmo que seja só para experimentar, transcender o nosso antigo eu e ser generosos e tolerantes!

Você não pode encher o coração de amor e ódio ao mesmo tempo. Essas duas emoções humanas são companheiras incompatíveis. Uma ou outra em geral predomina. Posso perguntar qual delas você preferiria que dominasse o seu coração? Qual delas, você supõe, o serviria melhor e o elevaria ao ponto mais elevado de realização?

Compre, sem discutir, os cartões de festas e faça a experiência que recomendei. Ela trará um raio de sol para a sua vida, entrará em contato com cada átomo do seu ser e fará com que isso irradie as qualidades que instigam o mundo a chamar uma pessoa de "notável".

A verdadeira grandeza se manifesta primeiro no nosso coração! O mundo só descobre essa grandeza depois que a pessoa a descobre. O mundo poderá demorar bastante para perceber que você transcendeu a mesquinhez, o ciúme, o ódio e a inveja depois que você o descobrir, mas uma coisa é certa: o mundo só fará essa descoberta depois que você a fizer!

Quando você começar a perceber, no fundo do coração, que uma grande alma habita o seu corpo — que você iniciou o processo de transformar o antigo eu no novo eu —, não demorará muito para que os outros façam a mesma descoberta.

Você pode dar o primeiro passo em direção à verdadeira grandeza enviando os cartões de festas que mencionei para todos aqueles por quem sentia antipatia e para todos que acredita que antipatizavam com você. Você terá que se esforçar para fazer isso. Terá que superar aquela detestável característica da obstinação, mas você é capaz de fazê-lo e, acredite, valerá a pena.

Não posso afirmar ao certo, mas acredito com veemência que esse experimento será muito importante para você, desde que você não seja uma dessas raras almas que superaram as qualidades negativas que se erguem entre a maioria de nós e a oportunidade de desfrutar a felicidade e o único verdadeiro sucesso que qualquer ser humano pode alcançar, a saber, a chance de tornar os outros felizes.

A maior verdade que descobri em toda a minha experiência de vida é que é compensador — tanto do ponto de vista monetário quanto do da serenidade mental — aprender a perdoar e esquecer a ingratidão e o desrespeito dos outros. É maravilhoso ser capaz de sentir e saber, no fundo do coração, que você transcendeu o atributo comum da raça humana de "revidar" e exigir a todo custo aquilo que lhe é devido em cada injustiça que você sofre.

Algumas lições que aprendi com os meus "fracassos"

Você só pode saber como isso é maravilhoso se experimentar. Portanto, experimente agora!

Para encerrar, vou deixá-lo com o seguinte pensamento:

Quem pode impedi-lo de se organizar completamente e ascender às alturas de qualquer empreendimento a que você se dedique? Quem tem poder suficiente para tolhê-lo, se você tiver organizado as suas faculdades e conduzido os seus esforços para um objetivo definido, de uma maneira organizada? Se você pertence à grande massa assalariada e precisa estar todos os dias da sua vida em um determinado lugar em uma hora específica, quem pode impedi-lo de organizar as suas faculdades de uma maneira que possibilite que você possa, pelo menos, tirar um dia de folga?

Responda a essas perguntas! As respostas poderão retirá-lo do descampado da pobreza e conduzi-lo até a luz do sucesso e da abundância. Quem pode saber sem tentar?

Este livro foi composto na tipografia
Minion Pro, em corpo 11/16, e impresso em
papel off-white no Sistema Cameron da
Divisão Gráfica da Distribuidora Record.